学生国学丛书新编

主编 王　宁
顾问 顾德希

# 世说新语

崔朝庆　选注
杨同军　校订

2019年·北京

# 学生国学丛书新编

主　编：王　宁
顾　问：顾德希
编辑组：（按姓氏笔画排列，加 * 为特约编辑）

刘　葵*　　刘建梅　　刘德水*
李　节　　杨志刚*　　陈立今*
陈年年*　　陈彦昭*　　周玉秀*
周淑萍*　　赵学清*　　俞必睿
党怀兴*　　徐从权　　凌丽君*
郭　威　　黄御虎　　盛志武*
董婧宸*　　董媛媛　　魏　荣*
魏晓明

# 总序之一

王 宁

王云五、朱经农主编的《学生国学丛书》，是一套为中学生和社会普及层面阅读古代典籍所做的文言文选本。它隶属在王云五做总主编的《万有文库》之下，1926年开始陆续由商务印书馆出版。20世纪20年代开始策划时，计划出60种，后来逐渐增补，到1948年据说已经出版了90种；因为没有总目，我们现在搜集到的仅有71种。由于今天弘扬中华优秀传统文化和提高文言文阅读能力的社会需要，我们决定对这套丛书进行适应于现代的加工编辑，将它介绍给今天的读者。

在推介这套丛书的时候，我们保存了原编的主要面貌：选书与选篇基本不变，将原书绪言保留下来，每篇选文原注所选的注点，也作为这次新编的重要参考。这样做是为了尽量借鉴前贤的一些构思和作法，并保留当时文言文阅读水平的基本面貌，作为今天的参考。

《学生国学丛书》是本着商务印书馆"昌明教育，开启民智"的一贯宗旨编选的，阅读群体应当主要是当时的中学生。20年代的中学生阅读文言文的水平显然比今天高一些，因为那时阅读文言文的社会环境与现在不同，虽然白话文已经通行，但书信、公文、教科书和报刊中，都还保留了不少文言文。国文课的师资，很多也是在国学上有一些根柢的文士。在知识界和语文教育界，文言文阅读还不是什么难事。今天，文言文阅读水平既关系到继承和弘扬中华优秀传统文化的效能，又关系到现代社会总体人文素质的提高，应当达到什么程度最为合适？民国时期是可以作为一个基准线的。

《学生国学丛书》体现了20世纪之初一些爱国的出版家和教育家把中华优秀传统文化传承给下一代的情怀、理想和实干精神。他们策划这套丛书的宗旨和编则，可资借鉴的地方很多，他们的实践经验、教育精神和国学学养值得我们学习的地方也很多。这一点，是我们了解了丛书的主编和40多位编选者的情况后感受到的。

丛书的主编王云五、朱经农，都是我国20世纪初爱国、革新的出版家。王云五主编《万有文库》，开创了我国图书出版平民化的新纪元，体现了新文化运动中普及文化教育的先进思想。《学生国学丛书》是《万有文库》

## 总序之一

里专门为中学生编选的,目的是将弘扬民族文化精华的理念带入初等教育,这在当时不能不说是有远见的。两位主编不论在反对封建帝制的革命中,还是在民族危难的救国图强斗争中,都有可圈可点的事迹,值得钦佩。与两位主编合作的40多位编写者,多是辛亥革命的参与者和新文化运动的前沿人物。他们熟悉古代文典,对中国文化理解通透,领悟深刻,又有强烈的反封建意识;其中很多都在中小学教育领域里有过丰富的实践经验,教过国文,编过教材,研究过教法。这里有我们十分熟悉的教育家和文学家,如我国现代教育特别是语文教育的领军人物叶绍钧(他后来的名字是叶圣陶),新文化运动的先驱者、中国革命文艺的奠基人之一、著名作家茅盾(他当时的名字是沈德鸿,后来为大家熟悉的姓名是沈雁冰)。这两位,多篇作品都被收入中学语文课本,20世纪50年代以后的老师、同学是无人不知的。其他如著作丰厚、名震一时的藏书家胡怀琛,国学根柢深厚、考据功底极深、《中国人名大辞典》《中国古今地名大辞典》的主要编写人臧励龢,我国语文教育的改革家庄适等。

20世纪初的中国社会,多种文化思潮纷纭杂沓:改良主义者提出"师夷制夷""严祛新旧之名,浑融中外之迹"的折中主张;历史虚无主义者在"全盘西化"的徽帜下将西方的一切甚至文化垃圾照单全收;殖民主义文

## 总序之一

化论者叫嚣中国道德一律低级粗浅,鼓吹欧洲人生活方式总体文明高超;另一方面,封建复辟野心家的代言人则一味复古,用古代的文化糟粕来抵抗新文化的建构。这些,都对比出爱国的出版家、学问家、教育家既要固本又要创新的理想和实践精神的可贵;也让我们认识了新文化运动及革命文学的前沿人物坚守教育阵地的不懈努力,懂得了他们的编纂意图和深厚学养。保留丛书主要面貌,就是对他们成果的尊重和信任。

随着中华优秀传统文化的广泛传播,随着中小学语文教学改革的深入发展,在读书成为教师、家长和渴求文化的大众普遍要求之时,文言文阅读将会是其中一个重要的内容。有人说,文言只是一种古代的书面语,口语交际和现代文本已经不再使用,我们为什么还要学习文言文呢?在推介这套丛书的时候,我们有必要来回答这个问题。

文言是古代知识分子和正统教育使用的书面语言,具有超越时代、超越方言的特性,因而也同时具有了记载数千年中华民族灿烂文化的主要功能,它是与中华民族文明史共存的。许慎《说文解字叙》说汉字的作用是"前人所以垂后,后人所以识古",这两句话即是对汉字记录的文言说的。我国历史悠久,文化遗产丰富,用文言记录的历史文献,用文言撰写的文学作品,多到不可计数,只有学习它,才能从古知今,以史为鉴。文言所

## 总序之一

记录的,不仅是古代社会的典章制度和政治经济,还有先贤哲人的人生经验和思想哲理,让我们看到中华民族一代又一代人的智慧。想想看,如果我们及早领会了古人"斧斤以时入山林"的采伐规则,便不会过度开发建材,造成那么多秃山荒岭,把气候搞得这样糟糕。当我们读过也理解了"今之孝者是谓能养。至于犬马,皆能有养。不敬,何以别乎"这段话,就会在对待长者时,把他们的尊严看得和他们的生计同等甚至更加重要!如果"防民之口甚于防川""水能载舟亦能覆舟"的体验真能引起各级掌权者的畏惧,阻塞言路的危害也许可以有所减轻。在道德重建的今天,中国传统道德中"己所不欲勿施于人"的利他主义,"爱民""富民""民为重"的民本思想,"以不贪为宝"的清廉品德,"志士不忘在沟壑,勇士不忘丧其元"的大义凛然态度,"吾日三省吾身"的自律精神,"君子怀刑"的守法意识,……这些,即使在今天的一般阅读中,也已经深入人心。可以想见,进入深度阅读后,我们一定会受到更多的启迪,在阅读中产生更多的惊喜。著名的国学大师、革命家和思想家章太炎,1905年7月15日在东京留学生欢迎会上演讲时说:"近来有一种欧化主义的人,总说中国人比西洋人所差甚远,所以自甘暴弃,说中国必定灭亡,黄种必定剿灭。因为他不晓得中国的长处,见得别无可爱,就把爱国爱种的

## 总序之一

心日衰薄一日。若他晓得,我想就是全无心肝的人,那爱国爱种的心,必定风发泉涌,不可遏抑的。"阅读文言文,就是要使我们具有这种文化自信。是的,遗产是有精华也有糟粕的,古代的未必都适合今天;我们只有真正读懂文典,将历史面貌还原,再有了正确的价值观,才能辨析断识,而不是道听途说,更不会受人蛊惑。在这个意义上,文言文阅读作为吸收中华优秀传统文化的必要途径,绝不是可有可无的。

文言文阅读是产生汉语正确语感的一个重要源泉。汉语不是一潭死水,从古到今,不知吸收了多少其他民族的词汇和句法,也曾经夹杂着很多不雅甚至不洁的成分;但是,文言经过数千年的洗涤、锤炼,已经渐渐将切合者融入,不切合者抛弃。经过大浪淘沙、优胜劣汰而能流传至今的美文巨制,会更加显现汉语的特点。而现代汉语刚刚一个世纪,在根柢不深、修养不佳的人们的口语里、文辞中,常常会受外语特别是英语的影响,受不健康的市井俚语的侵染,产出一种杂糅的语言。我们想在运用现代汉语时真正体现出汉语的特点,比如词汇丰富、句短意深、注重韵律、构造灵活等,提高用健康、优美的汉语表达正确、深刻的思想的能力,文言会带给我们一些天然的汉语语感。热爱自己的本国语言,不断提高运用汉字汉语的能力,这是每一个人文化素养中最重要的表现；克服语言西化、杂糅的最好办法，是在学习规范、优美的现代汉语的同时，对文言也有深入的感受和体验。

文言文阅读还是从根本上理解现代汉语的重要条件。人们都认为现代汉语与文言差别很大，初读时甚至感到疏离隔膜、难以逾越。其实，汉语是一种词根语，词汇和语义的传衍非常直接，文言中百分之七十的词汇、词义，在现代汉语的构词法里都能找到。在书面语里，文言单音词的构词能量有时会比口语词更强。经过辗转引用积淀了深厚文化底蕴的典故、成语，成为使用汉语可以撷取的丰富宝库。如果我们对文言一无所知，是很难深入理解现代汉语的。有些人认为，在语文教学中现代文阅读和文言文阅读是两条线，其实，在词汇积累层面上，应该把它们并成一条线。学习文言与学习现代汉语，在积累词汇、理解意义、体验文化、形成语感方面是相辅相成的。

在推介《学生国学丛书》的时候，我们也有另外一重考虑。这套丛书毕竟经过了将近一个世纪，时代和社会都发生了根本的变化，我们有了更加明确的核心价值观和适应于现代的审美意识，语言、文字、文学、文献、教育都有了更新的研究成果，对丛书进行适度的改编，也是绝对必要的。所以，这次新编，我们主要做了五项

## 总序之一

工作：第一，为了今天在校学生和普通读者阅读的方便，改竖排为横排，标点符号也随之改为现代横排的规范样式。第二，变繁体字为简化字，在繁简转换的过程中，对在文言文语境中有可能产生意义混淆的用字，做了合理的处理。第三，采用今天所见较好的古籍版本对原书的选文进行了审校，订正了文句的错、讹、脱、衍。第四，对原书的注释进行了修改、加工、调整，使注释更加准确、易懂，对地名和名物词的解释，也补充了最新的资料。第五，撰写了新编导言，放在原书绪言的前面。原编者和新编者对同一部书和同一篇文的看法，或所见略同，或相辅相成，或角度各异，或存在分歧，都能促进阅读者的思考和讨论，引发延展性学习，带动更多篇目和整本书的阅读。

《学生国学丛书》本来是一套开放的丛书，我们还会根据教学和读者的需要，补充一些当时没有被选入的优秀古代典籍的选本，使新编的丛书不断丰富。

我国每年有将近两亿的青少年步入基础教育，一个孩子有不止一位家长，这是一个多么庞大的读书群体。将一个世纪以前的《学生国学丛书》通过新编激活，让它走进一个新的时代，更好地发挥它在语文教育和弘扬我国优秀传统文化中的作用，这是我们之所愿，也希望能使编写这套书的前辈们夙愿得偿。

# 总序之二

## ——植入健康的文化基因

顾德希

优秀的传统文化是中国人的精神家园。学生多读些国学典籍，将有助于把优秀传统文化的基因植入肌体。王宁老师的"总序"，对本丛书的这一编辑意图已有深入全面的阐释，我打算就如何阅读这套丛书，或者说如何阅读文言文，做些补充性说明。

这套丛书的每一本，都专门写了新编导言。这是今日读者和原书连接的桥梁。人们常把桥梁喻为过河的"方法"，所以也可以说，新编导言之所谓"导"，就是力图为各类学生和更多读者提供一些阅读的方法。

这套丛书有好几十本，都是极有价值又有相当难度的国学经典，如不讲究阅读方法，编辑意图的实现会大打折扣。但这些经典差异性很大，《楚辞》和《庄子》的

## 总序之二

阅读肯定很不同,《国语》和《周姜词》的阅读方法差别就更大,即使同是词,读《苏辛词》与《周姜词》也不宜用完全相同的方法。因此本丛书新编导言所提供的阅读方法,针对性很强,因书而异。但异中有同,某些共性的方法甚至更为重要。不过,这些共性的方法渗透在每一篇导言中,未必能引起足够重视。下面,我想谈谈文言文阅读的四个具有共性的方法。

一、了解作者和相关背景,了解每本书的概貌,对每本书的阅读都很重要,这毋庸置疑。但一般读者了解这类相关知识,目的仅在于走近这本书。因而涉及作者、背景、概貌等,导言中一般不罗列专业性强的知识,而诉诸比较精要的常识性叙述。比如对《吕氏春秋》作者吕不韦,并没有全面介绍,也没有像过去那样从伦理道德上对这个历史人物加以贬抑,而只侧重叙述了他作为政治家的特点,因为明乎此便很有助于了解《吕氏春秋》。又如《世说新语》的成书背景有其特殊性,也需要了解,但限于篇幅,叙述的浓缩度很大。凡此种种必要的常识,新编导言里一般是点到为止,只要细心些,便不难从中获得多少不等的启发。兴趣浓厚者,查找相关知识也很容易。

二、借助注解疏通文本大意之后,就要反复诵读。某些陌生的词句,更要反复诵读。一句话即使反复诵读二十遍也用不了两三分钟,但这两三分钟却非常重要。

"诵读"是出声音的读,但并不是朗诵。大家所熟悉的现代文朗诵,不完全适用于文言诗文。朗诵往往是读给别人听,诵读却是读给自己听。古人所谓"吟咏",是适合于当时人自己感悟的一种诵读。今天的诵读,用普通话即可,节奏、抑扬、强弱、缓急,都无客观规定性,可随自己的感受适当处理。如果阅读文言文而忽略了诵读,效果至少打一个对折。不念出声音的默读,是只借助视觉器官去感知;出声音的诵读,是把视觉、听觉都动员起来的感知,其所"感"之强弱不言而喻。而且一旦读出声音,就让声带、口腔等诸多器官的运动参与进来了,凡诉诸运动器官的记忆,最容易长久。会骑车的人,多年不骑,一登上车还是会骑。因为骑车的感觉是一种运动记忆。文言语感的牢固形成与此类似。古人所谓"心到、眼到、口到"之说,实在是高效形成文言语感的极好方法。不管是成篇诵读,片段诵读,还是陌生词句的反复诵读,都是提升文言文阅读能力的好办法。本丛书的每一篇新编导言并未反复强调"诵读",但各种阅读建议无不与某些片段的反复读相关。既读,就要"诵",这是文言文阅读的根本方法。

三、应用。这是与文言翻译相对而言的。把文言文阅读的重点放在"翻译"上,副作用很多。一是不可避免信息的丢失。概念意义、情味意蕴，都会丢失。课堂教学中让学生把一篇文言文从头到尾"对号入座"地搞翻译，是文言教学中的无奈之举。一句一句，斤斤计较于文言句法词法和现代汉语的异同，结果学生的诵读时间没有了，刻意去记的往往是别别扭扭的"译文"，而精彩的原文反倒印象模糊，这不是买椟还珠吗！所以，在疏通大意、反复诵读的同时，一定要重视"应用"。应用，就是把某些文言词句直接"拿来"，用在自己的话语当中。比如，在复述大意时，在谈阅读感受理解时，不妨直接援引几句原话。如果能把原文中的某些语句就像说自己的话一样，自然而然地穿插到自己的述说中，那就是极好的应用。本丛书新编导言中援引原作并有所点评、有所串释、有所生发之处很多，但绝不搞对号入座的翻译，这不妨看作文言文阅读方法的一种示范。新编导言中有很多建议，要求结合作品谈个什么问题，探究个什么问题，都不同程度地含有这种"应用"的要求。

　　四、坚持自学。这套丛书，为学生自学文言文敞开了大门。学生文言文阅读的状况永远会参差不齐。同一个班的高中生，有的已把《资治通鉴》读过一遍，有的能写出相当顺畅的文言文，但也有的却把"过秦论"读成"过奏论"，这是常态。只靠面对几十个人的文言课堂讲授，几乎不可能使之迅速均衡起来。只有积极倡导自主性学习，才可能有效提高教学质量。本丛书的新编导言，高度重视对文言自学的引导。每篇新编导言都就怎样去读提出许多建议。这些建议有难有易，不是要求每一个人全都照着去做。能飞的飞，能跑的跑，快走不了的慢走也很好。新编导言在"导"的问题上，从不同层次上提出不同建议，相信各类学生都能找到适合自己的要求。只要选择适合自己或者自己感兴趣的要求，坚持不懈去"读"，去"用"，文言文的自学一定会出现令人惊喜的成果。从这个意义上说，本丛书的每一本，都是适合于各类读者自学国学经典的好读本。每一本中经过精心处理的注解，是自学的好帮手；而每一篇新编导言，又都可对自学起到切实的引导作用。只要方法对，策略恰当，那么这套丛书肯定能帮助我们有效提高文言文阅读水平。

目前，在深化高中语文课改的大背景下，很多学校高度重视突破过去那种一篇篇细讲课文的单一教学模式，开始重视"任务群"的学习，重视整本书的阅读，重视选修课的开设，重视校本课程的建设。在这样的大背景下，如果学校打算从本丛书中选用几本当作加强国学教育的校本教材，那么"新编导言"对使用这本书的教师来说，也可起到某种"桥梁"作用。

不管用一本什么书来组织学生学习，都必须对学生怎样读这本书有恰当引导。这是提高教学质量的一定不移之理。恰当的引导,要有助于各类学生更好地进入这本书的阅读,要有助于各类学生更好地开展自主性学习,要使之在文本阅读中进行有益的探究,并获得成功的喜悦。为了使新编导言的"导"能起到这样的作用,本丛书专门组织了多位一线优秀教师先期进入阅读,并把成功教学经验融入新编导言。因此,我们有理由相信,新编导言可以成为组织学生学习活动的有益借鉴。导言中结合具体作品对阅读所做的那些启发、引导,针对不同水平读者分层提出的那些建议,都将有助于教师结合自己学生的实际情况进一步拟出付诸实施的具体导学方案。

我相信,只要阅读文言文的方法恰当,只要各类读者从实际情况出发,循序渐进地学,优秀传统文化的基因就一定能更好地植入肌体。

# 目 录

新编导言························1

原书绪言························9

《世说新语》释名··················11

琅邪王氏与太原王氏之世谱··········16

德行第一························19

言语第二························28

政事第三························46

文学第四························52

方正第五························67

雅量第六························79

识鉴第七························84

赏誉第八　上····················89

赏誉第八　下····················93

品藻第九 ... *101*

规箴第十 ... *111*

捷悟第十一 ... *117*

夙惠第十二 ... *119*

豪爽第十三 ... *121*

容止第十四 ... *123*

自新第十五 ... *127*

企羡第十六 ... *129*

伤逝第十七 ... *131*

栖逸第十八 ... *134*

贤媛第十九 ... *137*

术解第二十 ... *146*

巧艺第二十一 ... *149*

宠礼第二十二 ... *152*

任诞第二十三 ... *153*

简傲第二十四 ... *161*

排调第二十五 ... *165*

轻诋第二十六 ... *174*

假谲第二十七 ... *176*

黜免第二十八 ... *178*

俭啬第二十九……180

汰侈第三十……182

忿狷第三十一……184

谗险第三十二……186

尤悔第三十三……188

纰漏第三十四……191

惑溺第三十五……192

仇隙第三十六……194

# 新编导言

《世说新语》称"笔记小说",也称"志人小说"。本书原绪言则说它是"近于杂史"的"小说之杰作"。

"近于杂史"说得很准。《世说新语》确是汉末迄东晋二百多年涉及上层人物品鉴的一部实录。汉代实行"征辟"的取士方法,"人物品鉴遂极重要","月旦人物,流为俗尚"(《汤用彤学术论文集》)。"月旦人物"即品鉴人物。有的地区每月初一(月旦)更换人物品题,称"月旦评"。郭林宗是东汉大名士,一言之褒,使人身价十倍,号称"人伦之鉴"。本书"德行第一"记郭林宗的话"汪汪如万顷之陂,澄之不清,扰之不浊,其器深广,难测量也",便是他对黄宪的品鉴。魏晋之际这种风气更盛。士大夫尚清谈,人物轶事,巧言妙语,相互的品评标榜,都是清谈内容,一经流传,往往成为一时佳话,于是有人记下来集成书帙。刘义庆这部《世说新语》是集大成者。其他同类书帙大都散佚，只有这部书把那个时期名流的言谈逸闻、朝野风尚较完整地保存下来，而其"志行""言语"等目次，便反映着品鉴人物的立意。所以本书确乎"近于杂史"。

《世说新语》在史学、语言学、美学等诸多方面都有极高价值。不过正如原书绪言所说，这部书最吸引读者的，是人物"言论丰采，跃然纸上"，达到了"小说之杰作"的水平。也就是说，对一般读者来说，最重要的还是它这种文学价值。

下面，就此谈谈《世说新语》的阅读方法，仅供参考。

**一、了解故事，积累语言**

读任何书，如果读了一通，里面的东西全不记得，那就和没读差不多。读《世说新语》很容易犯这种毛病。《世说新语》是按"条"写的，全书1130条，本书选了近一半。一条就是一段，每条一个小故事，同一个人的若干故事并不集中，条与条之间跳跃性很大。比如"德行第一"，共17条。前几条说汉末故事，但第11条的顾荣故事，就隔了近百年，其中说"遭乱渡江"，在永嘉之乱以后，已到了东晋初期。而最后一条讲"桓南郡既破殷荆州"，罗老太太"即日焚裘"，则又过了半个多世纪，近于东晋末期。所以《世说新语》不能像读文章那样一口气读下去，那会越读越感到乱，人名称谓乱，时间头绪乱。解决问题的办法，就是必集中精力于一条，了解故事大意，"记住"其中要紧的话语。记住要紧的话，这个故事就大体记住了。比如"桓南郡既破殷荆州""即日焚裘",就最紧要。又如陈仲举故事的"言为士则,行为世范"和"席不暇暖",荀巨伯故事的"友人有疾,不忍委之",管宁故事的"割席分坐",孔融故事的"小时了了,大未必佳"和"想君小时,必当了了",郑玄故事中奴婢的"胡为乎泥中"和"薄言往愬,逢彼之怒",江灌故事的"不能言而能不言",嵇康故事的"何所闻而来?何所见而去"与"闻所闻而来,见所见而去",孙子荆故事的"枕石漱流"和"漱石枕流",王羲之十岁"既闻所论,知无活理,乃剔吐污头面被褥,诈孰眠",王羲之年轻时的"东床上坦腹卧"等等。

如果这样读,这样记,收获会很实惠。有的故事一时搞不清该记住什么,就跳过去,集中精力于另一条。如果一天这样读五条,用不了太多时间,不少人名称谓会比较熟悉,时间头绪也会慢慢理清,脑子里就会逐渐形成一些"坐标",再读就省劲多了。

**二、关注描写,有所感悟**

读小说要关注故事情节,但读《世说新语》更要关注人物刻画。与其说这部书是"小说",不如说它是一部"小小说"。篇幅极短,情节极简单。鲁迅说它"记言则玄远冷隽,记行则高简瑰奇"(《中国小说史略》)。就是说,它的妙处,全在于人物话语的意蕴悠远,人物行为的清高特立,出人意表。

如对《世说新语》的这个特点有所认识,那就不难从它

极少的话语中获得丰富的感悟。例如"巧艺第二十一":

> 顾长康画人,或数年不点目精。人问其故?顾曰:"四体妍蚩,本无关于妙处。传神写照,正在阿堵中。"
>
> 顾长康道:"画'手挥五弦'易,'目送归鸿'难。"

这两个故事,精炼而形象地写出了一位大画家独到的艺术体验。数年画人竟然"不点目睛",其行可谓"高简瑰奇",而这正反映出他的艺术追求迥异于一般画家。把"手挥五弦"画好也并不容易,但顾长康认为这并不难,因为他要画出"目送归鸿"的神韵,要在人物眼睛里让人看出其对高远意趣的神往。他这一易一难,虽只两句,实是颠扑不破的经典,而其人之深湛修养则跃然纸上。

但他又似乎很"土"。"排调第二十五"有段小故事:

> 顾长康啖甘蔗,先食尾。人问所以,云:"渐至佳境。"

啃甘蔗,没人先啃末端,因为前端汁多渣少,末端几乎啃不动。但顾长康偏偏就"先食尾"。他的理由仅四个字,却极富个性,其生活趣味之卓尔不群,令人过目难忘。总之,充分关注描写,我们就不难触摸到《世说新语》与众不同的魅力。

《世说新语》中有的人很古怪,不好理解,那就更要细读

相关描写。例如"任诞第二十三":

> 王子猷居山阴,夜大雪,眠觉,开室,命酌酒,四望皎然。因起仿偟,咏左思《招隐诗》。忽忆戴安道。时戴在剡,即便夜乘小船就之。经宿方至,造门不前而返。人问其故,王曰:"吾本乘兴而来,兴尽而返,何必见戴?"

初读可能觉得王子猷行为不合逻辑,不是想见戴安道吗,都到人家家门口了,为什么不进门就回去了呢?但若细读相关描写,可能就会别有发现——开端,是雪夜,颇有诗意。于是王子猷吟诗,风雅无限。忽然想起朋友,拔脚就出发。这叫什么?率性而为!来一场说走就走的旅行,并不是任何人都能做到的。为了看望朋友,赶路一宿,这又需要内心情感世界的充盈。所以这件事的发生本身就不易。但故事的高潮和转折处,才最精彩。到了戴安道家门口,王子猷并不去拜访,甚至并不告知,直接转身回家。对此,王子猷的解释是"吾本乘兴而来,兴尽而返,何必见戴?"兴之所至而已,没有什么"必"!这正是作者着意要表现的王子猷的"名士范儿"。

人们习惯于从常规上推想,习惯于责任、义务、法度、伦理的约束,有许多"必须",这无疑是对的。但王子猷偏要破除一个"必"字。雪夜就不能到百里之外见朋友吗?到了朋友家门口就一定要进去吗?这种逻辑超乎常规,确能给人以某种启发。当然,王子猷是大名士王羲之的儿子,而王羲之的叔叔王导、王敦都官居极品,这位"官三代"有足够的本钱供其实现这种率性的自由。而那一夜伺候他的下人们,肯定并不自由。

深入的感悟,必涉及对人物思想性格的评析。《世说新语》作者把王子猷这个故事归入"任诞"门,显然与我们上面的观点不尽相同。但当作小说读,作者不以为然,读者未必以为不然。

**三、深入思考,尝试探究**

《世说新语》中值得深入思考的问题很多。试举几例。

1.魏晋尚清谈,可结合下面两个问题的思考,写一篇《说"清谈"》的文章,联系实际谈谈你的见解。

(1)试从本书中选几个故事,结合故事,说说何谓"清谈"。

(2)"言语第二"中有这么个故事:

> 王右军与谢太傅共登冶城。谢悠然远想,有高世之志。王谓谢曰:"夏禹勤王,手足胼胝。文王旰食,日不暇给。今四郊多垒,宜人人自效。而虚谈废务,浮文妨要,恐非当今所宜。"谢答曰:"秦任商鞅,二世而亡,岂清言致患邪?"

看来,王羲之和谢安对"清谈"有害还是无害,看法很不相同。谁说的对?为什么?

2.《世说新语》写了大量"名士"。谢安、王羲之都是东晋"头牌"名士,在他们之前几十年的阮籍、嵇康则是曹魏时期名士的代表。鲁迅先生说,《世说新语》"是名士底(的)教科书"。请你结合自己读本书的感想,写篇文章谈谈你对鲁迅这句话的理解,文章题目自拟。

3.本书中有不少关于曹操、曹丕的故事,也有不少关于王敦、桓温的故事。把这些故事找出来,加以比较思考:曹氏父子是汉家天下的篡逆者,夺权成功了,王、桓处心积虑想篡夺东晋政权而未成。你能否发现,同是篡逆者,但本书对曹氏父子与对王、桓的态度并不相同?试说说,这对我们了解和评价历史人物有什么启发。

4.本书多处写到"竹林七贤"中的山涛。"政事第三"写他劝嵇康儿子嵇绍别记仇,"天地四时,犹有消息。而况人乎"一时传为美谈;"赏誉第八"称赞他"如璞玉浑金"。但顾炎武那篇讲"天下兴亡,匹夫有责"的文章却加以痛批,说山涛是"邪说之魁"(《日知录》卷十三"正始"条)。那么,山涛是"璞玉浑金",还是"邪说之魁"?试谈谈你的看法。

读《世说新语》,可把自己发现的问题及时记下来,自行探究,写成你的"读《世说》笔记"。

# 原书绪言

宋临川王刘义庆所撰之《世说新语》，为清《四库全书》子部小说家类第二部。小说家言之流别，凡有三派：其一叙述杂事；其一记录异闻；其一缀辑琐语。临川此书，纪录自汉末迄东晋之杂事，兼述诸名流之音辞，虽属于子部，而近于杂史，观此可以见当时朝野上下之风尚，而竹林兰亭诸公之言论丰采，跃然纸上，如闻其声，如睹其人，诚小说之杰作也。梁刘孝标为之注释，补其阙而剔其讹，亦为艺林所珍重，唐史臣所著《晋书》纪、传或不及是书之精美焉。临川生于晋末，贤士大夫之流风余韵，犹未尽泯灭，故撰为此书，具有晋人简约玄澹之旨趣。今所传者有二本：一为王世贞所刊，删削原文旧注，已失匡庐真面；一为袁褧翻雕陆游重刻之本，较为完善。书中句或钩棘，语近方言，千数百年来，未能有人厘正，美犹有憾，此可视若史之阙文者也。兹为便利初学计，选注为一小册，虽云管中窥豹，仅见一斑，然亦足以知晋世清谈之大概已。

崔朝庆<br>一九二七年一月

# 《世说新语》释名

（依书中初见之次序）

陈寔字仲弓　　常称太丘
荀淑字季和　　或称朗陵
陈群字长文　　或称司空
裴楷字叔则　　或称令公
王戎字濬冲　　常称安丰
王澄字平子　　或称阿平
乐广字彦辅　　常称乐令
庾亮字元规　　或称庾公　　或称文康
阮裕字思旷　　或称光禄
谢安字安石　　或称太傅　　或称谢公　　或称文靖

褚裒字季野　　或称褚公　　或称太傅
韩伯字康伯　　或称豫章　　或称太常
桓玄字敬道　　或称南郡　　或称桓公　　或称义兴
殷仲堪　　常称荆州
司马昭字子上　　称为文王　　或称文帝
嵇康字叔夜　　或称中散
曹丕字子桓　　称为文帝
锺繇字元常　　或称太傅
司马师字子元　　称为景王
王衍字夷甫　　常称太尉
裴頠字逸民　　或称仆射　　或称成公
张华字茂先　　或称张公
周顗字伯仁　　常称周侯
卫玠字叔宝　　或称洗马
王导字茂弘　　或称丞相　　或称王公
郗鉴字道徽　　或称太尉　　或称太傅
王敦字处仲　　常称大将军
谢尚字仁祖　　或称镇西　　或称谢掾
谢鲲字幼舆　　或称豫章
庾翼字穉恭　　或称小庾

《世说新语》释名

司马昱字道万　常称简文　或称太宗　或称会稽王　或称抚军

桓温字元子　常称桓公　或称宣武　或称大司马

刘惔字真长　常称刘尹

许询字玄度　常称许掾

王修字敬仁　常称苟子

王羲之字逸少　常称右军　或称临川

谢朗字长度　或称胡儿　或称东阳

荀羡字令则　或称中郎

山涛字巨源　或称山公

谢玄字幼度　或称车骑

殷浩字渊源　或称扬州　或称中军　或称阿源　或称殷侯

司马道子　或称太傅

王承字安期　或称东海

陶侃字士行　或称陶公

陆玩字士瑶　或称太尉

王濛字仲祖　常称长史

支遁字道林　或称林公　或称支法师　或称林道人

何充字次道　或称骠骑　或称扬州

王忱字元达　或称佛大　或称王大　或称建武　或称荆州　或称阿大

王珉字季琰　或称僧弥　或称小令

王珣字元琳　常称东亭

张玄字祖希　或称冠军

惠远　常称远公

曹植字子建　称为东阿王

庾敳字子嵩　或称中郎

孙绰字兴公　或称长乐

陆机字士衡　或称平原

司马懿字仲达　或称宣帝　或称宣王

曹髦字彦士　称为高贵乡公

荀勖字公曾　或称济北

陆云字士龙　或称清河

司马睿字景文　或称元皇帝　或称元帝　或称中宗　或称元皇

王胡之字修龄　或称司州

范宁字武子　或称豫章

王坦之字文度　或称安北　或称中郎

《世说新语》释名

戴逵字安道　　或称戴公
曹操字孟德　　或称曹公　或称魏武　或称魏王
王湛字处冲　　或称汝南
王浑字玄冲　　或称司徒　或称京陵
蔡谟字道明　　或称司徒　或称蔡公
王述字怀祖　　常称蓝田　或称宛陵
桓彝字茂伦　　或称廷尉
王洽字敬和　　或称领军
邓攸字伯道　　或称仆射
王徽之字子猷　或称黄门
桓冲字玄叔　　或称车骑
诸葛恢字道明　或称诸葛令
郗恢字道胤　　或称尚书　或称雍州
阮籍字嗣宗　　或称阮公　或称步兵
王昶字文舒　　或称司空
郗愔字方回　　或称司空　或称郗公
郗昙字重渊　　或称中郎
贺循字彦先　　或称司空
祖逖字士雅　　或称车骑

15

# 琅邪王氏与太原王氏之世谱

原书之首有世谱久佚。因书中以此二族之人为最多,故叙其世系,以便稽考。

琅邪王氏见于此书者共二十一人。

王祥,字休徵。晋太保。

王导,字茂弘。祥弟览长子裁之子。

王洽,字敬和。导之第三子。

王珣,字元琳。洽之长子。

王珉,字季琰。珣之弟。

王含,字处弘。览次子基之子。

王敦,字处仲。含之弟。

王羲之,字逸少。览第四子正之长子旷之子。

王凝之，字叔平。羲之第二子。

王徽之，字子猷。羲之第五子。

王桢之，字公幹。徽之之子。

王操之，字子重。徽之之弟。

王献之，字子敬。操之之弟。

王胡之，字修龄。览第四子正之次子廙之子。

王浑，字长原。祥之族子。

王戎，字濬冲。浑之子。

王绥，字万子。戎之子。

王衍，字夷甫。戎之从弟。

王玄，字眉子。衍之子。

王诩，字季胤。衍之弟。

王澄，字平子。衍之弟。

太原王氏见于此书者共十六人。

王昶，字文舒。魏司空。

王浑，字玄冲。昶之长子。

王济，字武子。浑之子。

王湛，字处冲。昶之次子。

王承，字安期。湛之子。

王述，字怀祖。承之子。

王坦之,字文度。述之长子。

王绥,字彦猷。坦之次子愉之子。

王祎之,字文邵。述之次子。

王国宝。坦之第三子。

王忱,字元达。坦之第四子。

王濛,字仲祖。太原之另一支。

王修,字敬仁。濛之子。

王恭,字孝伯。濛次子蕴之子。

王爽,字季明。恭之弟。

王绪,字仲业。国宝之从弟。

# 德行第一

陈仲举①言为士则,行为世范,登车揽辔,有澄清天下之志。为豫章太守②。至,便问徐孺子③所在,欲先看之。主簿白:"群情欲府君先入廨④。"陈曰:"武王式商容⑤之闾,席不暇暖。吾之礼贤,有何不可。"

---

① 陈仲举,汉陈蕃,字仲举,汝南人。桓帝末,官至太傅。与大将军窦武谋诛宦官,反为所害。
② 豫章即今江西之南昌。蕃为尚书时,以忠正忤贵戚,迁豫章太守。
③ 徐孺子,汉徐穉,字孺子,豫章人。超世绝俗,蕃在豫章为穉独设一榻,去则悬之,见礼如此。
④ 廨,公廨也。校订者按:即官署,官吏办事的地方。
⑤ 商容,殷之贤人,纣所贬退,武王式其闾巷。式者,车上之横木。男子立乘,有所敬则俯而凭式,遂以式为敬名。校订者按:式,通"轼"。

郭林宗①至汝南②造袁奉高③,车不停轨,鸾④不辍轭;诣黄叔度⑤,乃弥日信宿。人问其故,林宗曰:"叔度汪汪如万顷之陂,澄之不清,扰之不浊,其器深广,难测量也。"

李元礼⑥风格秀整,高自标持,欲以天下名教是非为己任。后进之士,有升其堂者,皆以为登龙门⑦。

---

① 郭林宗,汉郭泰,字林宗,太原人。李元礼一见称之曰:"吾见士多矣,无如林宗者也。"
② 汝南,即今河南之汝南。
③ 袁奉高,汉袁宏,字奉高,慎阳人。
④ 鸾,鸾鸟,雌曰和,雄曰鸾。《礼》云:"君子在车,则闻鸾和之声。"古时鸾车顺动。此鸟飞集车上,雄鸣于前,雌应于后。校订者按:鸾,本指凤凰一类的鸟,又指古代一种车铃。鸾铃悬于轭下,马动则鸾鸣,这里指马不歇足。
⑤ 黄叔度,汉黄宪,字叔度,汝南人。时论者咸云:"颜子复生。"父为牛医。
⑥ 李元礼,汉李膺,字元礼,颍川人。有文武俊才。
⑦ 龙门,在山西省河津县,悬崖湍急,形如门阙,乃禹治河凿通。龟鱼之属莫能上,上则化为龙,故名曰龙门。校订者按:龙门,即禹门口,在今山西省河津县西北和陕西省韩城市东北,黄河至此,两岸峭壁对峙,形如门阙,故名。刘孝标《世说新语注》引《三秦记》曰:"龙门一名河津,去长安九百里,水悬绝,龟鱼之属莫能上,上则化为龙矣。"这里比喻得到有名望的人接待或礼遇而提高了身价。

德行第一

　　陈太丘①诣荀朗陵②,贫俭无仆役。乃使元方③将车,季方④持杖后从。长文⑤尚小,载著车中。既至,荀使叔慈⑥应门,慈明⑦行酒,余六龙⑧下食。文若⑨亦小,坐著膝前。于时太史⑩奏:"真人⑪东行。"

　　荀巨伯⑫远看友人疾,值胡贼攻郡。友人语巨伯曰:"吾今死矣!子可去。"巨伯曰:"远来相视,子令吾去。败义以求生,岂荀巨伯所行邪?"贼既

---

① 陈太丘,汉陈寔,字仲弓,颍川人。为闻喜令,太丘长。
② 荀朗陵,汉荀淑,字季和,颍川人。为朗陵侯相。
③ 元方,陈寔长子纪,字元方。
④ 季方,陈寔少子谌,字季方。
⑤ 长文,陈纪之子群,字长文。陈寔尝谓宗人曰:"此儿必兴吾宗。"
⑥ 叔慈,荀淑第三子靖,字叔慈。
⑦ 慈明,荀淑第六子爽,字慈明,举至孝,累官至司空。
⑧ 荀淑有八子:俭、鲲、靖、焘、汪、爽、肃、敷,时人称为"八龙"。
⑨ 文若,荀淑孙彧,字文若。彧,yù。为汉侍中、守尚书令。校订者按:守,暂时代理职务,兼任。
⑩ 太史,掌天文者。
⑪ 真人,庄子称关尹、老聃为古之博大真人。真者,精诚之至也。校订者按:真人也指有才德的贤人,这里指陈、荀两家父子均为至德之人。《续晋阳秋》:"陈仲弓从诸子侄造荀父子,于是德星聚,太史奏:'五百里贤人聚。'"即指本节所述事。
⑫ 荀巨伯,汉桓帝时人,亦出颍川。

至,谓巨伯曰:"大军至,一郡尽空。汝何男子,而敢独止?"巨伯曰:"友人有疾,不忍委之,宁以我身代友人命。"贼相谓曰:"我辈无义之人,而入有义之国。"遂班军而还,一郡并获全。

管宁①、华歆②共园中锄菜,见地有片金。管挥锄与瓦石不异,华捉而掷去之。又尝同席读书,有乘轩冕过门者,宁读如故,歆废书出看。宁割席分坐,曰:"子非吾友也!"

王祥③事后母朱夫人甚谨。家有一李树,结子殊好。母恒使守之。时风雨忽至,祥抱树而泣。祥尝在别床眠,母自往暗斫之。值祥私起,空斫得被。既还,知母憾之不已,因跪前请死。母于是感

---

① 管宁,字幼安,北海人,齐相管仲之后。校订者按:管宁,少与华歆、邴原友善。汉末,避乱辽东,聚徒讲学,三十余年始归。魏文帝拜其为大中大夫、明帝拜其为光禄勋,皆固辞不受。
② 华歆,字子鱼,平原人。校订者按:华歆,东汉末举孝廉,为尚书郎。献帝时任豫章太守,后征召入京,为尚书令。魏文帝时任司徒,明帝时转拜太尉,封侯。
③ 王祥,字休徵,琅邪人。官至太保。

## 德行第一

悟，爱之如己子。

梁王、赵王①，国之近属②，贵重当时。裴令公③岁请二国租钱数百万，以恤中表④之贫者。或讥之曰："何以乞物行惠？"裴曰："损有余，补不足，天之道也。"

王戎⑤父浑⑥，有令名，官至凉州⑦刺史。浑薨，所历九郡义故，怀其德惠，相率致赙数百万，戎悉不受。

---

① 晋宣帝张夫人，生梁孝王肜，字子徽，位至太宰；桓夫人生赵王伦，字子彝，位至相国。
② 属者，昭穆相次序也。校订者按：昭穆，古代宗庙制度，始祖居中，以下依辈分左右相次，居左者为昭，居右者为穆。近属即近支、近亲。
③ 裴楷，字叔则，河东闻喜人。司空秀之从弟，精《易》义，累迁河南尹，中书令。
④ 中表，犹言内外。父之姊妹之子为外兄弟，母之兄弟姊妹之子为内兄弟，故有中表之称。
⑤ 王戎，字濬冲，琅邪人。太保祥之宗族，累迁荆州刺史，以平吴功，封安丰侯。
⑥ 浑，字长原，幽州刺史王雄之子。太原亦有一王浑，乃王济之父也。校订者按：此处王浑属琅邪王氏。
⑦ 凉州，即今甘肃武威县。校订者按：1985年，撤销武威县，设立武威市。

王平子①，胡毋彦国②诸人，皆以任放为达，或有裸体者。乐广③笑曰："名教④中自有乐地，何为乃尔也？"

顾荣⑤在洛阳⑥，尝应人请。觉行炙⑦人有欲炙之色，因辍己施焉，同坐嗤之。荣曰："岂有终日执之而不知其味者乎？"后遭乱渡江，每经危急，常有一人左右己，问其所以，乃受炙人也。

庾公⑧乘马有的卢⑨，或语令卖去。庾云："卖之必有买者，即复害其生。宁可不安己而移于他人

---

① 王平子，晋王澄，字平子，有达识，荆州刺史。
② 胡毋彦国，晋胡毋辅之，字彦国，泰山奉高人。湘州刺史。
③ 乐广，字彦辅，南阳人。官至尚书令。
④ 名教，名谓名分，教谓教化，凡彝伦之所关，圣贤之所训，皆是也。
⑤ 顾荣，字彦先，吴郡人。其先越王勾践之支庶，封于顾邑，子孙遂氏焉，世为吴著姓。
⑥ 洛阳，地当洛水之北，周平王东迁居此。
⑦ 行炙，传递膳羞也。校订者按：行，主人给客人分送饮食酒水之类叫作"行"。炙，烤肉。
⑧ 庾公，指晋庾亮，字元规，颍川人，明穆皇后长兄也。累迁征西大将军，荆州刺史。
⑨ 的卢，马白额入口至齿者，名曰榆雁，一名的卢，奴乘客死，主乘弃市，凶马也。

哉?昔孙叔敖①杀两头蛇②以为后人,古之美谈。效之,不亦达乎?"

阮光禄③在剡④,曾有好车,借者无不皆给。有人葬母,意欲借而不敢言。阮后闻之,叹曰:"吾有车而使人不敢借,何以车为?"遂焚之。

谢奕⑤作剡⑥令。有一老翁犯法,谢以醇酒罚之。乃至过醉而犹未已。太傅⑦时年七、八岁,著青布绔,在兄膝边坐。谏曰:"阿兄,老翁可念,何可作此?"奕于是改容曰:"阿奴⑧欲放去耶?"

---

① 孙叔敖,楚之令尹。
② 孙叔敖儿时,见两头蛇,杀而埋之。归见其母泣,问其故,对曰:"夫见两头蛇者必死,今出见之,故尔。"母曰:"蛇今安在?"对曰:"恐后人见,杀而埋之矣。"母曰:"夫有阴德,必有阳报,尔无忧也。"
③ 阮光禄,晋阮裕,字思旷,陈留人。累迁侍中,以疾去官。后征金紫光禄大夫,不就。
④ 剡,会稽山名。校订者按:此为刘孝标旧注,当为"剡县",即今浙江嵊州,因有剡溪,故名。
⑤ 谢奕,字无奕,陈郡阳夏人。官至豫州刺史。
⑥ 剡,即今浙江之嵊州。
⑦ 太傅,指谢安,字安石,为桓温司马,累迁至太保,录尚书事,赠太傅。
⑧ 阿奴,谢安小字。

遂遣之。

谢太傅绝重褚公①,常称:"褚季野虽不言,而四时之气亦备。"

范宣②年八岁,后园挑菜,误伤指,大啼。人问:"痛邪?"答曰:"非为痛。身体发肤,不敢毁伤,是以啼耳。"宣洁行廉约,韩豫章③遗绢百匹,不受。减五十匹,复不受。如是减半,遂至一匹,既终不受。韩后与范同载,就车中裂二丈与范,云:"人宁可使妇无裈④邪?"范笑而受之。

桓南郡⑤既破殷荆州⑥,收殷将佐十许人,咨议

---

① 褚公,指晋褚裒,字季野,阳翟人。累迁江、兖二州刺史,赠侍中太傅。
② 范宣,字子宣,陈留人。汉莱芜长范丹后也。
③ 韩豫章,指韩伯,字康伯,颍川人。官豫章太守。
④ 裈,亵衣,贯两脚,上系腰中。校订者按:亵,xiè。亵衣指居家常穿的便服或贴身内衣。裈即满裆裤,特指内裤,这里泛指裤子。需要指出的是,今天的"裤"在古代指的是套裤,穿于满裆的裈裤之外,"裈""裤"古代有别。
⑤ 桓南郡,晋桓玄,字敬道,谯国龙亢人。大司马桓温之少子,嗣父为南郡公。
⑥ 殷荆州,殷仲堪,陈郡人。太常殷融之孙,官荆州刺史。

## 德行第一

罗企生①亦在焉。桓素待企生厚,将有所戮,先遣人语云:"若谢我,当释罪。"企生答曰:"为殷荆州吏,今荆州奔亡,存亡未判,我何颜谢桓公。"既出市,桓又遣人问欲何言,答曰:"昔晋文王②杀嵇康③,而嵇绍④为晋忠臣。从公乞一弟⑤以养老母。"桓亦如言宥之。桓先曾以一羔裘与企生母胡,胡时在豫章,企生问至,即日焚裘。

---

① 罗企生,字宗伯,豫章人。校订者按:罗企生时为殷仲堪咨议参军。
② 晋文王,晋司马昭,字子上,嗣兄师握魏政权,封晋王,谥曰文王。
③ 嵇康,字叔夜,谯国铚人。拜中散大夫。
④ 嵇绍,字延祖,嵇康之子,累迁散骑常侍。
⑤ 罗企生有弟,名遵生。

# 言语第二

边文礼①见袁奉高,失次序。奉高曰:"昔尧聘许由②,面无怍色。先生何为颠倒衣裳?"文礼答曰:"明府③初临,尧德未彰,是以贱民颠倒衣裳耳。"

徐孺子年九岁,尝月下戏。人语之曰:"若令月中无物,当极明邪?"徐曰:"不然,譬如人眼中有瞳子,无此必不明。"

孔文举④年十岁,随父⑤到洛。时李元礼有盛

---

① 边文礼,汉边让,字文礼,陈留人。
② 许由,字武仲,阳城槐里人。上古高士。
③ 明府,太守、牧、令,古皆称府君,或称明府君,简称明府。
④ 孔文举,汉孔融,字文举,鲁国人。孔子二十四世孙。
⑤ 融之父名宙,官泰山都尉。

名，为司隶校尉。诣门者皆俊才清称及中表亲戚，乃通。文举至门，谓吏曰："我是李府君亲。"既通，前坐。元礼问曰："君与仆有何亲？"对曰："昔先君仲尼，与君先人伯阳①有师资之尊，是仆与君奕世②为通好也。"元礼及宾客莫不奇之。太中大夫陈韪后至，人以其语语之。韪曰："小时了了，大未必佳。"文举曰："想君小时，必当了了。"韪大踧踖③。

南郡④庞士元⑤闻司马德操⑥在颍川⑦，故二千里候之。至，遇德操采桑，士元从车中谓曰："吾闻丈夫处世，当带金佩紫，焉有屈洪流之量而执丝妇之事？"德操曰："子且下车，子适知邪径之速，

---

① 伯阳指李耳。李耳，字伯阳，谥曰聃，周守藏室之史。
② 奕世，累世也。
③ 踧踖，cùjí，不安之貌。
④ 南郡，即今湖北之襄阳。
⑤ 庞士元，蜀庞统，字士元，庞德公之从子，先主以为治中从事，与诸葛亮并为军师。
⑥ 司马德操，汉司马徽，字德操，有知人之鉴，庞德公称为水镜。
⑦ 颍川，即今河南之许昌。

不虑失道之迷。昔伯成①耦耕，不慕诸侯之荣。原宪②桑枢，不易有官之宅。何有坐则华屋，行则肥马，侍女数十，然后为奇？此乃许、父③所以慷慨，夷、齐④所以长叹。虽有窃秦⑤之爵，千驷之富，不足贵也。"士元曰："仆生出边垂⑥，寡见大义。若不一叩洪钟，伐雷鼓⑦，则不识其音响也。"

刘公幹⑧以失敬⑨罹罪，文帝⑩问曰："卿何以不谨于文宪⑪？"桢答曰："臣诚庸短，亦由陛下纲目不疏。"

---

① 禹为天子，伯成辞诸侯而耕于野。校订者按：伯成指伯成子高，尧时贤者，被立为诸侯。禹为天子时，他认为德衰而刑立，辞去诸侯而回去耕田。
② 原宪，字子思，宋人，孔子弟子。
③ 许、父，上古高士许由、巢父也。
④ 夷、齐，殷孤竹君子之伯夷、叔齐也。
⑤ 窃秦，秦吕不韦以诈获爵，故曰窃。
⑥ 垂，远边也。
⑦ 雷鼓，乐器，古人祀天神用之，或云六面，或云八面。
⑧ 刘公幹，魏刘桢，字公幹，东平人。
⑨ 失敬指桢随侍太子，酒酣坐欢，乃使夫人甄氏出拜，座上客多伏，桢独平视。
⑩ 文帝即曹丕，字子桓，曹操之长子。篡汉称帝，谥曰文。
⑪ 道之显者曰文，悬法示人曰宪。校订者按：文宪即法律、法规、法令。

言语第二

　　锺毓、锺会①，少有令誉，年十三，魏文帝闻之，语其父锺繇②曰："可令二子来。"于是敕见。毓面有汗。帝曰："卿面何以汗？"毓对曰："战战惶惶，汗出如浆。"复问会："卿何以不汗？"对曰："战战栗栗，汗不敢出。"

　　司马景王③东征④，取上党⑤李喜⑥，以为从事中郎。因问喜曰："昔先公辟君不就，今孤召君，何以来？"喜对曰："先公以礼见待，故得以礼进退；明公以法见绳，喜畏法而至耳。"

　　邓艾⑦口吃，语称艾艾，晋文王戏之曰："卿云

---

① 锺毓字稚叔，仕至车骑将军。锺会字士季，官至司徒。
② 锺繇字元常，颍川人。历大理相国，迁太傅。
③ 司马景王，魏司马师，字子元，司马懿之长子。以抚军大将军辅政，自为相国。谥曰景王。
④ 征毌丘俭也。校订者按：毌，guàn。毌丘俭，复姓毌丘，名俭。三国时期曹魏后期的重要将领。因司马师废帝，于正元二年（公元255年）反司马师。亲自率兵征讨。东征即指此事。
⑤ 上党，郡名，其疆域甚广。此指今山西之沁县。校订者按：上党地区包括今长治市城区、郊区、潞城市、长治县、长子县、屯留县、沁源县、沁县、武乡县、襄垣县、黎城县、平顺县、壶关县。
⑥ 李喜，字季和。累迁光禄大夫。特进赠太保。
⑦ 邓艾，字士载，棘阳人。累迁征西将军，平蜀，进位太尉。

艾艾,定是几艾?"对曰:"凤兮凤兮①,故是一凤。"

嵇中散既被诛。向子期②举郡计③入洛,文王引进。问曰:"闻君有箕山④之志,何以在此?"对曰:"巢、许狷介⑤之士,不足多慕。"王大咨嗟。

诸葛靓⑥在吴,于朝堂大会。孙皓⑦问:"卿字仲思,为何所思?"对曰:"在家思孝,事君思忠,朋友思信,如斯而已。"

---

① 见《论语·微子》篇。校订者按:《论语·微子》:"楚狂接舆歌而过孔子之门,曰:'凤兮凤兮,何德之衰也?'"
② 向子期,晋向秀,字子期,河内人。官至散骑常侍。校订者按:向秀与阮籍、嵇康等友善,为竹林七贤。嵇康被杀,向秀惧于威压,改图入仕。有辞赋《怀旧赋》,为怀念嵇康之名篇。
③ 郡国上计簿时,举其才也。校订者按:郡计,郡中计吏,即郡中掌管计簿的官吏。这里指向秀应征郡中计吏。《汉书·武帝纪》:"征吏民有明当时之务,习先圣之术者,县次续食,令与计偕。"这个制度一度中断,东汉末又恢复实行。
④ 箕山,在河南登封县东南,尧时,巢父、许由隐于此山。
⑤ 狷介,有所不为曰狷,坚确不拔曰介。校订者按:狷介,指性情正直,不肯同流合污。
⑥ 诸葛靓,琅邪人。司空诸葛诞之少子。校订者按:《世说新语》刘孝标注:"靓字仲思,……雅正有才望。"
⑦ 孙皓,三国时吴之末主,孙权之孙,国亡降晋,封归命侯。

## 言语第二

诸名士共至洛水①戏。还,乐令②问王夷甫③曰:"今日戏乐乎?"王曰:"裴仆射④善谈名理⑤,混混⑥有雅致。张茂先⑦论《史》《汉》⑧,靡靡⑨可听。我与王安丰⑩说延陵⑪、子房⑫,亦超超玄箸⑬。"

---

① 洛水源出陕西雒南县西北冢岭山,东流入河南。校订者按:雒南县即今洛南县,为汉上洛县地,晋置拒阳县,隋改洛南,明改雒南,清因之,1964年复改为洛南县。
② 乐令即乐广。校订者按:乐广曾做尚书令。
③ 王夷甫,王衍,字夷甫,琅邪人,司徒王戎之从弟,仕至太尉。
④ 裴仆射,裴𬱖,字逸民,闻喜人。司空裴秀之少子,历侍中尚书左仆射。射,yè。
⑤ 名理,犹今之论理学。
⑥ 混混,gǔngǔn,源泉涌出之貌。校订者按:用以形容说话滔滔不绝,即滚滚。《说文解字》:"混,丰流也。"段玉裁注:"盛满之流也。……古音读如衮,俗字作滚。"
⑦ 张茂先,张华,字茂先,方城人。封广武侯。
⑧ 《史》《汉》,《史记》《汉书》也。
⑨ 靡靡,相随顺之意。校订者按:文中引申为形容善于言辞,说话滔滔不绝,细致动听的样子,即"娓娓",今语所谓"娓娓动听"者是也。
⑩ 王安丰,即王戎。
⑪ 延陵,今江苏常州市武进区,《春秋》时吴季札封于此,故称季札为延陵。
⑫ 子房,汉张良,字子房,封留侯。
⑬ 超超玄箸,言论深妙也,箸、著古通。校订者按:玄箸(著)即玄远、玄胜。超超玄箸(著)谓言辞高妙,不同凡俗。

中朝①有小儿，父病，行乞药。主人问病，曰："患疟也。"主人曰："尊侯明德君子，何以病疟？"答曰："来病君子，所以为疟耳。"

崔正熊②诣都郡③。都郡将姓陈，问正熊："君去崔杼④几世？"答曰："民去崔杼，如明府之去陈恒⑤。"

庾公造周伯仁⑥。伯仁曰："君何所欣说而忽肥？"庾曰："君复何所忧惨而忽瘦？"伯仁曰："吾无所忧。直是清虚日来，滓秽日去耳。"

卫洗马⑦初欲渡江，形神惨悴。语左右云：

---

① 中朝，当时称西晋朝廷所在之地为中朝。
② 崔正熊，晋崔豹，字正熊，燕国人。惠帝时，官至太傅丞。
③ 都，聚也。郡，群也。人所群聚之地也。校订者按：都郡，指州治所在的郡。
④ 崔杼，齐大夫，弑齐庄公者。
⑤ 陈恒，齐大夫，弑齐简公者。
⑥ 周伯仁，晋周颛，字伯仁，汝南人。颛，扬州刺史周浚之长子，累迁尚书仆射。
⑦ 卫洗马，晋卫玠，字叔宝，安邑人。官太子洗马。校订者按：洗，xiǎn。洗马，本指在马前做先导；又官名，太子的侍从官。

## 言语第二

"见此芒芒①,不觉百端交集。苟未免有情,亦复谁能遣此。"

温峤②初为刘琨③使,来过江。于时江左④营建始尔⑤,纲纪⑥未举。温新至,深有诸虑。既诣王丞相⑦,陈主上幽越⑧、社稷焚灭、山陵⑨夷毁之酷,有《黍离》⑩之痛。温忠慨深烈,言与泗⑪俱,丞相亦与之对泣。叙情既毕,便深自陈结,丞相亦厚相

---

① 芒芒,广大貌。
② 温峤,字太真,太原人。累迁骠骑大将军。
③ 刘琨,字越石,中山人。累迁司徒长史尚书右丞,封广武侯。
④ 江左,即今江苏之江宁。校订者按:指长江下游以东地区,古以东为左,以西为右,故江东亦称江左。江宁,今南京。
⑤ 尔,语助。
⑥ 治丝者张之为纲,理之为纪。校订者按:纲纪在这里指法度、法令。
⑦ 王丞相,王导,字茂弘,王祥异母弟王览之孙,官至太傅。校订者按:王导曾进升太傅,又拜丞相。
⑧ 幽,囚也。越,坠也。校订者按:指晋怀、愍二帝被刘曜、石勒俘虏囚禁事。
⑨ 山陵,天子冢也。
⑩ 《黍离》,周大夫行役,至于宗周,过故宗庙宫室,尽为禾黍,闵周室之颠覆,彷徨不忍去。校订者按:见《诗经·王风·黍离》。后用"黍离"表感慨亡国之词。
⑪ 鼻液曰泗。

酬纳。既出,欢然言曰:"江左自有管夷吾①,此复何忧!"

郗太尉②拜司空,语同坐曰:"平生意不在多,值世故纷纭,遂至台鼎③。朱博④翰音⑤,实愧于怀。"

挚瞻⑥曾作四郡太守,大将军户曹参军,复出作内史,年始二十九,尝别王敦⑦,敦谓瞻曰:"卿年未三十,已为万石⑧,亦太蚤。"瞻曰:"方于将

---

① 管夷吾,齐大夫,相桓公,成霸业。
② 郗太尉,晋郗鉴,字道徽,高平人。
③ 台鼎,宰辅之称,旧称三公曰台鼎,言如星之有三台,鼎之有三足也。
④ 朱博,字子元,杜陵人。为丞相,临拜,延登受策,有大声如钟鸣,杨雄、李寻以为空名得进之兆。校订者按:延,引导、引入。延登,引入而登殿。
⑤ 翰,高飞也,飞音者。音飞而实不从之谓也。校订者按:翰音,高飞的声音。比喻空名、虚名,居非其位。
⑥ 挚瞻,字景游,京兆人。太常挚虞之兄子也。
⑦ 王敦,字处仲,丞相王导之从兄,官镇东大将军。
⑧ 言瞻居官之俸已万石也。

言语第二

军,少为太蚤。比之甘罗①,已为太老。"

谢仁祖②年八岁,谢豫章③将④送客。尔时语已神悟,自参上流⑤。诸人咸共叹之,曰:"年少,一坐之颜回⑥!"仁祖曰:"坐无尼父⑦,焉别颜回?"

孙齐由、齐庄⑧二人小时诣庾公。公问齐由何字,答曰:"字齐由。"公曰:"欲何齐邪?"曰:"齐许由。"齐庄何字,答曰:"字齐庄。"公曰:"欲何齐?"曰:"齐庄周⑨。"公曰:"何不慕仲尼⑩而慕庄周?"对曰:"圣人生知,故难企慕。"庾公大喜小儿对。

---

① 甘罗,秦相甘茂之孙,年十二,秦封为上卿。
② 谢仁祖,晋谢尚,字仁祖,陈郡人。仕至镇西将军,豫州刺史。
③ 谢豫章,晋谢鲲,字幼舆,谢尚之父,为豫章太守,赠太常。
④ 将,率领。校订者按:即带领。
⑤ 参,间厕,自居于上等名流也。
⑥ 颜回,字子渊,鲁人。孔子弟子。
⑦ 尼父,鲁哀公诔孔子,称为尼父。
⑧ 孙齐由,晋孙潜,字齐由,太原人。齐庄,晋孙放,字齐庄,孙潜之弟。
⑨ 庄周,战国蒙人。楚威王闻其贤,迎以为相,辞不就。
⑩ 仲尼,孔子之母祷于尼山生孔子,故字仲尼。

庾稺恭①为荆州②,以毛扇上武帝③。武帝疑是故物。侍中刘邵④曰:"柏梁⑤云构,工匠先居其下;管弦繁奏⑥,锺⑦、夔⑧先听其音。稺恭上扇,以好不以新。"庾后闻之曰:"此人宜在帝左右。"

顾悦⑨与简文⑩同年而发蚤白。简文曰:"卿何以先白?"对曰:"蒲柳之姿,望秋而落。松柏之质,经霜弥茂。"

桓公⑪入峡⑫。绝壁天悬,腾波迅急。乃叹曰:

---

① 庾稺恭,晋庾翼,字稺恭,太傅庾亮之弟,官至征南将军,荆州刺史。
② 荆州,今湖北省之襄阳,即晋时之荆州。
③ 武帝姓司马,名炎。司马懿之孙。
④ 刘邵,字彦祖,彭城人。官至豫章太守。
⑤ 柏梁,台名,汉武帝所筑。台以柏为梁,故名柏梁台。
⑥ 奏,乐一更端曰奏。校订者按:繁奏,一起演奏。
⑦ 锺子期,春秋时楚人。古之知音者。
⑧ 夔,舜典乐之官。
⑨ 顾悦,字君叔,晋陵人。初为扬州别驾,后至尚书左丞。
⑩ 简文帝,名昱,字道万,在位二年。
⑪ 桓公,晋桓温,字元子,谯国人。汉五更桓荣之后,累迁琅邪内史,进征西大将军,谥宣武侯。校订者按:五更,古代乡官名,以年老致仕的官员充任。桓温的先祖桓荣受汉明帝亲重,被授五更。
⑫ 山峭夹水曰峡,川楚间大江中有三峡,舟行甚险。

言语第二

"既为忠臣,不得为孝子,如何?"

羊秉①为抚军参军。少亡,有令誉。夏侯孝若②为之叙,极相赞悼。羊权③为黄门侍郎,侍简文坐。帝问曰:"夏侯湛作《羊秉叙》,绝可想!是卿何物④?有后不⑤?"权潸然⑥对曰:"亡伯令问夙彰,而无有继嗣。虽名播天听,然胤⑦绝圣世!"帝嗟慨久之。

刘真长⑧为丹阳⑨尹。许玄度⑩出都,就刘宿。

---

① 羊秉,字长达,平阳人。汉南阳太守羊续之曾孙。
② 夏侯孝若,夏侯湛,字孝若,谯国人。魏征西将军夏侯渊之曾孙,历中书侍郎。
③ 羊权,字道舆,徐州刺史羊悦之子,仕至尚书左丞。
④ 物,阮籍目王戎为俗物,温峤称桓温为英物,可见晋时常以物字作人字用。
⑤ 不,音浮,未定之辞也。校订者按:不,通"否"。
⑥ 潸然,涕流貌。潸,shān。
⑦ 胤,yìn,子孙相承续也。
⑧ 刘真长,晋刘惔,字真长,沛国人。历司徒左长史侍中丹阳尹。
⑨ 丹阳,今安徽之当涂县。校订者按:东晋、南朝宋、齐、梁、陈皆定都于建康(今江苏南京),建康隶于原丹阳郡。为提高京都地位,显天子之尊,参照两汉京兆尹,晋元帝改丹阳太守为丹阳尹,作为京畿地方长官。
⑩ 许玄度,许询,字玄度,高阳人。魏中领军许允之玄孙。

床帷新丽,饮食丰甘。许曰:"若保全此处,殊胜东山①。"刘曰:"卿若知吉凶由人,吾安得不保此。"王逸少②在坐,曰:"令巢、许遇稷③、契④,当无此言。"二人并有愧色。

王右军与谢太傅共登冶城⑤。谢悠然远想,有高世之志。王谓谢曰:"夏禹⑥勤王,手足胼胝⑦。文王⑧旰食⑨,日不暇给。今四郊多垒,宜人人自效。而虚谈废务,浮文妨要,恐非当今所宜。"谢答曰:

---

① 东山,在今浙江上虞县西南四十五里,晋谢安所居。校订者按:东山为当时及以后名士向往隐居的地方。
② 王逸少,王羲之,字逸少,琅邪人。累迁江州刺史右军将军会稽内史。
③ 稷,姜嫄践巨人迹而生子,以为不祥。初欲弃之,因名弃。虞舜时弃为后稷,因称弃为后稷。
④ 契,xiè。虞舜时为司徒,商之祖也。
⑤ 冶城,在今江苏南京市秦淮区,吴时鼓铸之所,朝天宫即其旧址。
⑥ 夏禹,初封夏伯,后受舜禅为王。
⑦ 胼胝,pián zhī,手足皆生茧也。
⑧ 文王,殷之诸侯,周武王之父,谥曰文,追尊为王。
⑨ 旰,晚也。

言语第二

"秦任商鞅[①]，二世而亡，岂清言致患邪？"

谢太傅寒雪日内集，与儿女讲论文义。俄而雪骤[②]，公欣然曰："白雪纷纷何所似？"兄子胡儿[③]曰："撒[④]盐空中差可拟。"兄女曰："未若柳絮因风起。"公大笑乐。即公大兄无奕女，左将军王凝之[⑤]妻也。

荀中郎[⑥]在京口[⑦]，登北固[⑧]望海云："虽未睹三

---

[①] 鞅，卫诸庶孽子，为秦孝公相，封于商。校订者按：此为原选注者所引《世说新语》刘孝标注引《战国策》文。徐震堮《世说新语校笺》指出："案《战国策》无此文。《史记·商君列传》……与此注正同，疑刘孝标误记。"查中华书局1959年版《史记》P2227为："商君者，卫之诸庶孽公子也，名鞅。"这里的"庶孽"即庶子、孽子，非正妻所生之子；"公子"指诸侯之子中除世子之外的儿子。
[②] 骤，迅捷。
[③] 胡儿，谢朗，字长度，小字胡儿，安次兄据之长子，仕至东阳太守。
[④] 撒，散之也。
[⑤] 王凝之，字叔平，右将军羲之之第二子，历江州刺史，左将军会稽内史。
[⑥] 荀中郎，晋荀羡，字令则，颍川人。光禄大夫荀崧之子，为驸马都尉，超授北中郎将，徐州刺史。
[⑦] 京口，今江苏镇江，以京岘山得名。一说，谓京江之口也。
[⑧] 北固山在今江苏镇江，下临长江，其势险固。

山①,便自使人有凌云意。若秦、汉之君②,必当褰裳濡足。"

晋武帝每饷③山涛④恒少,谢太傅以问子弟,车骑⑤答曰:"当由欲者不多,而使与者忘少。"

李弘度⑥常叹不被遇,殷扬州⑦知其家贫,问:"君能屈志百里⑧不?"李答曰:"《北门》⑨之叹,久已上闻。穷猿奔林,岂暇择木。"遂授剡县。

---

① 三山,蓬莱、方丈、瀛洲三山,世传在海中,尝有至者,言诸仙人不死药在焉。
② 秦、汉之君,秦始皇与汉武帝。
③ 赠人以物曰饷。
④ 山涛,字巨源,河内人。武帝受禅,涛领吏部十余年。
⑤ 车骑,谢玄,字幼度,谢安之侄,官至前将军,封康乐县公。校订者按:谢玄死后追赠车骑将军。
⑥ 李弘度,晋李充,字弘度,江夏人。官至大著作中书郎。
⑦ 殷扬州,殷浩,字渊源,长平人。仕至扬州刺史,中军将军。
⑧ 百里,蜀庞统为耒阳令,鲁肃称庞士元非百里才。校订者按:古时一县辖地约百里,因以百里为县的代称,也用以指县令。
⑨ 北门,《诗经》篇名,刺仕不得志也。校订者按:《诗经·邶风·北门》:"出自北门,忧心殷殷。终窭且贫,莫知我艰。已焉哉,天实为之,谓之何哉!"《毛诗序》谓:"《北门》,刺仕不得志也。"这里李弘度引此诗以指自己的贫困不遇。

言语第二

孝武①将讲《孝经》②,谢公兄弟③与诸人私庭讲习。车武子④难苦问谢,谓袁羊⑤曰:"不问则德音有遗,多问则重劳二谢。"袁曰:"必无此嫌。"车曰:"何以知尔?"袁曰:"何尝见明镜疲于屡照,清流惮于惠风?"

张天锡⑥为凉州⑦刺史,称制⑧西隅。既为苻坚⑨

---

① 孝武,晋孝武帝,名曜,字昌明,简文帝之第三子。在位二十四年。
② 《孝经》,孔子为曾子陈孝道而作,十三经之一经也。
③ 谢公兄弟,谢安与谢石也。校订者按:谢安死后,被追封为庐陵郡公,世称"谢公"。
④ 车武子,车胤,字武子,南平人。累迁丹阳尹,护军将军,吏部尚书。
⑤ 袁羊,袁乔,字彦升,小字羊,陈郡人。历尚书郎,江夏相,封湘西伯,益州刺史。
⑥ 张天锡,字公纯嘏,安定人。尝自立为凉州牧,后归晋,拜散骑常侍,西平公,赠侍中。
⑦ 凉州,今甘肃省。凉者,地处西方,常寒凉也。校订者按:凉州是汉所置十三州部之一,辖境相当于今甘肃、宁夏和青海、内蒙古部分地区;魏晋沿置,辖境和治所亦有变迁。
⑧ 制,天子之言曰制书,谓为制度之命也。校订者按:称制,行使皇帝权力。东晋兴宁元年(363年)张天锡杀侄张玄靓自立。称凉州牧、西平公,在位十三年,是独立王国,因此说他"称制西隅"。
⑨ 苻坚,晋时前秦之主,为五胡之最强盛者。

所禽，用为侍中。后于寿阳①俱败，至都，为孝武所器。每入言论，无不竟日。颇有嫉己者，于坐问张："北方何物可贵？"张曰："桑椹②甘香，鸱鸮③革响，淳④酪⑤养性，人无嫉心。"

毛伯成⑥既负其才气，常称："宁为兰摧玉折，不作萧敷艾荣。"

司马太傅⑦斋中夜坐。于时天月明净，都无纤

---

① 寿阳，原名寿春。东晋以郑后讳改为寿阳，即今安徽寿县。校订者按：郑后指郑阿春，为晋元帝司马睿的妃子，晋简文帝司马昱的生母，后为晋孝武帝（晋简文帝第六子）诏尊为简文太后。
② 椹，shèn，桑实也。校订者按：刘孝标注引《诗经·鲁颂·泮水》："翩彼飞鸮，集于泮林。食我桑椹，怀我好音。"
③ 鸱鸮，chī xiāo，鸷鸟也。校订者按：鸱鸮俗称猫头鹰。"鸱鸮革响"本是说猫头鹰的叫声本不好听，但现在变得好听了，意同"怀我好音"。指出了因"人无嫉心"才有难听的"鸱鸮革响"变为"怀我好音"。
④ 淳，不浇曰淳。校订者按：浇，薄。淳，（味道）很厚。
⑤ 酪，北方以马乳为酪。
⑥ 毛伯成，晋毛玄，字伯成，颍川人。仕至征西行军参军。
⑦ 司马太傅，晋司马道子，简文帝之第五子，封会稽王，领司徒，扬州刺史，进太傅，赠丞相。

翳。太傅叹以为佳。谢景重①在坐,答曰:"意谓乃不如微云点缀。"太傅因戏谢曰:"卿居心不净,乃复强欲滓秽太清②邪?"

桓玄义兴③还后,见司马太傅,太傅已醉,坐上多客,问人云:"桓温来欲作贼④,如何?"桓玄伏不得起。谢景重时为长史,举板⑤答曰:"故宣武公黜昏暗,登圣明,功超伊⑥、霍⑦。纷纭之议,裁之圣鉴。"太傅曰:"我知我知。"即举酒云:"桓义兴,劝卿酒。"桓出,谢过。

---

① 谢景重,谢重,字景重,陈郡人。官至骠骑长史。
② 太清,元气之清者也。校订者按:太清指天空。古人认为天是清而又轻的气体构成的,故称为"太清"。
③ 义兴,晋郡名,即今江苏之宜兴,桓玄尝为义兴太守。校订者按:宜兴古称荆邑,春秋时属吴,秦置阳羡县为宜兴正式立县。西晋时,阳羡人周玘(周处之子)三兴"义兵",平定叛乱,朝廷特为之设"义兴郡"。宋太宗时,因避太宗(赵光义)名讳,改"义兴县"为"宜兴县"。
④ 贼,从下制上谓之贼。校订者按:作贼,作乱、造反。
⑤ 板,笏也。校订者按:笏板,古代朝会时所执的手板,有事则书于上,以备遗忘。
⑥ 伊,商伊尹,名挚,汤之贤相,汤之孙太甲无道,尹放之于桐宫,三年,太甲悔过,复归于亳。
⑦ 霍,汉霍光,字子孟,平阳人。光以大司马大将军辅政,废昌邑王,立宣帝,封博陆侯。

# 政事第三

　　陈元方年十一时,候袁公①。袁公问曰:"贤家君在太丘②,远近称之。何所履行?"元方曰:"老父在太丘,强者绥之以德,弱者抚之以仁。恣其所安,久而益敬。"袁公曰:"孤往者尝为邺③令,正行此事。不知卿家君法孤,孤法卿父?"元方曰:"周公、孔子,异世而出。周旋动静,万里如一。周公不师孔子,孔子亦不师周公。"

---

① 原注云:"检众《汉书》,袁氏诸公,未知谁为邺令。"校订者按:原注指刘孝标注。这里的"袁公"不详确指何人。
② 太丘,汉县名,故城在今河南永城市。
③ 邺,在今河北省临漳县和河南省安阳市。

政事第三

嵇康被诛后,山公①举康子绍为秘书丞。绍咨公出处,公曰:"为君思之久矣,天地四时,犹有消息②,而况人乎?"

王安期③作东海郡④,吏录一犯夜人来。王问:"何处来?"云:"从师家受书还,不觉日晚。"王曰:"鞭挞甯越⑤以立威名,恐非致理之本。"使吏送令归家。

成帝⑥在石头⑦,任让⑧在帝前戮侍中锺雅⑨、右卫

---

① 山公,山涛领吏部,甄拔人物,各为题目,时称山公启事。校订者按:题目,品评(人物)。启事,陈述事情的奏章。
② 消谓减,息谓增。
③ 王安期,晋王承,字安期,太原人。累迁东海内史。
④ 东海郡,即今江苏东海县山东沂水县地。
⑤ 甯越,中牟人。甯,nìng。学十五岁而为齐之上卿。校订者按:甯越,原为农民,因努力求学而成为周威公师。
⑥ 晋成帝,名衍,字世根,明帝之太子,在位十七年,年二十二崩。校订者按:晋成帝司马衍五岁被立为皇帝。八岁时苏峻作乱,攻破建康,被劫持至石头城(在今南京清凉山),四年后,苏峻乱平。
⑦ 石头,城名,成帝咸和三年,苏峻逼迁帝于石头。在今江苏南京。
⑧ 任让,乐安人。随苏峻作乱。
⑨ 锺雅,字彦胄,颍川人。魏太傅锺繇之弟仲常之曾孙,累迁至侍中。

将军刘超①。帝泣曰:"还我侍中。"让不奉诏,遂斩超、雅。事平之后,陶公②与让有旧,欲宥之。许柳③儿思妣④者至佳,诸公欲全之。若全思妣,则不得不为陶全让,于是欲并宥之,事奏。帝曰:"让是杀我侍中者,不可宥。"诸公以少主不可违,并斩二人。

陆太尉⑤诣王丞相⑥咨事,过后辄翻异。王公怪其如此,后以问陆。陆曰:"公长民短,临时不知所言,既后觉其不可耳。"

---

① 刘超,字世踰,琅邪人。汉成阳景王六世孙,封零阳伯,迁右卫大将军。
② 陶公,陶侃,字士行,其先鄱阳人。后徙浔阳。累迁湘、广、荆三州刺史,封长沙郡公,大将军,进太尉。赠大司马,谥桓公。
③ 许柳,字季祖,高阳人。苏峻用为丹阳尹。
④ 思妣,许永,字思妣。
⑤ 陆太尉,晋陆玩,字士瑶,吴郡人。累迁侍中尚书左仆射,尚书令,赠太尉。
⑥ 王丞相,王导,字茂弘,琅邪人。晋之中兴,导功为多,官至太傅。校订者按:晋成帝成康四年(338年)拜王导为丞相,依照汉朝制度,罢去司徒之设,以职权归于丞相。

政事第三

王①、刘②与林公③共看何骠骑④,骠骑看文书不顾之。王谓何曰:"我今故与林公来相看,望卿摆拨常务,应对玄言。那得方低头看此邪?"何曰:"我不看此,卿等何以得存?"诸人以为佳。

桓公在荆州⑤,全欲以德被江、汉,耻以威刑肃物。令史受杖,正从朱衣上过。桓式⑥年少,从外来,云:"向从阁下过,见令史受杖。上捎云根⑦,下拂地足。"意讥不著。桓公云:"我犹患其重。"

简文为相,事动经年,然后得过。桓公甚患其

---

① 王即晋王濛,字仲祖,太原人。辟司徒掾中书郎,赠光禄大夫。
② 刘即丹阳尹刘惔。
③ 林公,支遁,字道林,河内人,或曰陈留人。本姓关氏,年二十五为僧。校订者按:支遁,世称支公,也称林公。
④ 何骠骑,何充,字次道,庐江人。累迁会稽内史,侍中,骠骑将军,扬州刺史,赠司徒。
⑤ 荆州,即今湖北襄阳,桓温于晋穆帝永和元年迁荆州刺史。
⑥ 桓式,桓歆,字叔道,小字式,温之第三子,仕至尚书。
⑦ 校订者按:原选注本作"云眼",当为"云根",诸本皆作"云根",意谓云边、云脚。

迟，常加劝勉。太宗①曰："一日万机②，那得速。"

王大③为吏部郎，尝作选草，临当奏，王僧弥④来，聊出示之。僧弥得便以己意改易所选者近半，王大甚以为佳，更写即奏。

王东亭⑤与张冠军⑥善，王既作吴郡⑦，人问小令⑧曰："东亭作郡，风政何似？"答曰："不知治化何如，惟与张祖希情好日隆耳。"

殷仲堪当之荆州，王东亭问曰："德以居全为称，仁以不害物为名。方今宰牧华夏，处杀戮之

---

① 太宗，晋简文帝庙号太宗。校订者按：简文帝曾进位丞相，后为桓温拥戴即帝位。
② 一日万机，言当戒惧万事之微。校订者按：机，指事务、政务。
③ 王大，晋王忱，字元达，小字佛大，太原人。仕至荆州刺史。
④ 王珉，字季琰，小字僧弥，丞相王导之孙，累迁侍中、中书令，赠太常。
⑤ 王东亭，晋王珣，字元琳，丞相王导之孙，封交趾望海县东亭侯，累迁尚书左仆射，领选，进尚书令。
⑥ 张冠军，张玄，字祖希，吴郡太守张澄之孙也。历吏部尚书，出为冠军将军，吴兴太守。
⑦ 吴郡，即今江苏之苏州。
⑧ 小令，王献之为中书令，王珉代之，时人曰："大小王令。"

## 政事第三

职,与本操将不乖乎?"殷答曰:"皋陶①造刑辟②之制,不为不贤;孔丘居司寇③之任,未为不仁。"

---

① 皋陶,虞舜时为狱官之长。陶,yáo。
② 辟,法也。
③ 孔子为鲁司寇七日,而诛乱法大夫少正卯。

# 文学第四

郑玄①欲注《春秋传》②,尚未成,时行,与服子慎③遇,宿客舍。先未相识,服在外车上,与人说己注《传》意,玄听之良久,多与己同。玄就车与语曰:"吾久欲注,尚未了。听君向言,多与吾同。今当尽以所注与君。"遂为《服氏注》。

郑玄家奴婢皆读书。尝使一婢,不称旨,将挞之。方自陈说,玄怒,使人曳著泥中。须臾,复有一婢来,问曰:"胡为乎泥中④?"答曰:"薄言往愬,逢

---

① 郑玄,字康成,高密人。献帝征为大司农。
② 即《春秋左传》,十三经之一经也。
③ 服子慎,服虔,字子慎,荥阳人。著《春秋左氏传训解》,举孝廉,为尚书郎,九江太守。
④ 此《邶风·式微》章之诗也。泥中本为卫邑,借用泥为水和土之泥。校订者按:《诗经·邶风·式微》:"式微式微,胡不归?微君之躬,胡为乎泥中?"

## 文学第四

彼之怒①。"

服虔既善《春秋》②,将为注,欲参考同异。闻崔烈③集门生讲传,遂匿姓名,为烈门人赁作食。每当至讲时,辄窃听户壁间。既知不能踰己,稍共诸生叙其短长。烈闻,不测何人。然素闻虔名,意疑之。明蚤往,及未寤④,便呼"子慎!子慎!"虔不觉惊应,遂相与友善。

锺会撰《四本论》⑤,始毕。甚欲使嵇公⑥一见。

---

① 此《邶风·柏舟》章之诗也。薄、言,有以为皆语辞者,亦有以薄为勉,言为我者。愬,与诉同。校订者按:《诗经·邶风·柏舟》:"亦有兄弟,不可以据。薄言往愬,逢彼之怒。"
② 《春秋》,本鲁史记之名,孔子删定之。自鲁隐公元年至鲁哀公十四年,凡十二公,二百四十二年,编年之史也。
③ 崔烈,字威考,安平人。灵帝时,官至司徒、太尉,封阳平亭侯。
④ 寤,觉也。
⑤ 四本者,言才性同,才性异,才性合,才性离也。校订者按:《四本论》为锺会所作文章篇名,论说人的才能与德性的同、异、合、离的问题。有关才、性同异离合的论辩是魏晋清谈前期的重要内容之一,也是魏晋兴亡递嬗所代表的两大政治集团政治斗争的焦点。锺会与嵇康的政治立场不同,才性离合的观点对立。所以锺会的畏难,不仅因为嵇康是大家,恐怕更是因为怯战所致。
⑥ 嵇公,即嵇康。

置怀中，既定，畏其难①，怀不敢出。于户外遥掷，便回急走。

何晏②为吏部尚书，有位望，时谈客盈坐。王弼③未弱冠④，往见之。晏闻弼名，因条向者胜理语弼曰："此理仆以为极，可得复难不？"弼便作难，一坐人便以为屈。于是弼自为客主数番，皆一坐所不及。

何晏注《老子》⑤未毕，见王弼自说注《老子》旨。何意多所短，不复得作声，但应诺诺，遂不复注，因作《道德论》。

---

① 难，nàn，诘辩也。
② 何晏，字平叔，南阳人。正始中，曹爽用为中书，累官侍中尚书，爵列侯。
③ 王弼，字辅嗣，山阳人。注《易》及《老子》，年二十四而卒。
④ 弱冠，年二十成人，初加冠，体犹未壮，故曰弱。未弱冠，年未二十也。
⑤ 《老子》，老聃所撰，分上下篇，言道德之意五千余言。今所传本，有汉河上公注与魏王弼注二家。

文学第四

中朝时①有怀道之流,有诣王夷甫咨疑者。值王昨已语多,小极②,不复相酬答。乃谓客曰:"身今少恶③,裴逸民④亦近在此,君可往问。"

诸葛宏⑤年少不肯学问。始与王夷甫谈,便已超诣。王叹曰:"卿天才卓出,若复小加研寻,一无所愧。"宏后看《庄》⑥《老》,更与王语,便足相抗衡⑦。

卫玠总角⑧时,问乐令梦。乐云:"是想。"卫曰:"形神所不接而梦,岂是想邪?"乐云:"因

---

① 中朝时,东晋偏安于江左,故"西晋时"有"中朝时"之称。校订者按:东晋南渡后称建都于中原的西晋为中朝,故"中朝时"意指西晋时期。
② 《书》六极,二曰疾。小极,小病也。校订者按:《尚书·洪范》:"六极:一曰凶短折,二曰疾,三曰忧,四曰贫,五曰恶,六曰弱。"但这里的"极"作疲乏、疲惫讲,是汉魏六朝时期常见的俗语。
③ 恶,疾病。
④ 裴逸民,即仆射裴頠。
⑤ 诸葛宏,字茂远,琅邪人。魏雍州刺史诸葛绪之子,仕至司空主簿。
⑥ 《庄》,周庄周所著之书,名曰《庄子》,都十余万言。唐天宝元年,号号为《南华真经》。
⑦ 抗,对也。衡,车辕上横木。抗衡,言两衡相对拒,不相避下也。
⑧ 总角,男女未冠笄者之称,谓总聚其发而结束之也。

也。未尝梦乘车入鼠穴,捣齑①啖铁杵,皆无想无因故也。"卫思"因",经日不得,遂成病。乐闻,故命驾为剖析之,卫既小差②。乐叹曰:"此儿胸中,当必无膏③肓④之疾!"

初,注《庄子》者数十家,莫能究其旨要。向秀于旧注外为解义,妙析奇致,大畅玄风。惟《秋水》《至乐》二篇,未竟而秀卒。秀子幼,义遂零落,然犹有别本。郭象⑤者,为人薄行,有俊才。见秀义不传于世,遂窃以为己注。乃自注《秋水》《至乐》二篇,又易《马蹄》一篇。其余众篇,或定点文句而已。后秀义别本出,故今有向、郭二《庄》,其义一也。

阮宣子⑥有令闻⑦,太尉王夷甫见而问曰:"老、

---

① 捣辛物为齑也。
② 差,chài,病除也。
③ 膏,心下为膏。
④ 肓,鬲也。鬲与胸膈之膈通,管上下使气与谷不相乱也。
⑤ 郭象,字子玄,河南人。辟司空掾,太傅主簿。
⑥ 阮宣子,晋阮修,字宣子,陈留人,尝为鸿胪丞,太子洗马。
⑦ 令闻,善誉也。

庄与圣教同异？"对曰："将①无同？"太尉善其言，辟之为掾。世谓"三语掾"。卫玠嘲之曰："一言可辟，何假于三？"宣子曰："苟是天下人望，亦可无言而辟，复何假一？"遂相与为友。

谢安年少时，请阮光禄道《白马论》②。为论以示谢，于时谢不即解阮语，重相咨尽。阮乃叹曰："非但能言人不可得，正索解人亦不可得。"

宣武集诸名胜③讲《易》，日说一卦。简文欲听，闻此便还。曰："义自当有难易，其以一卦为限邪？"

《庄子·逍遥》篇，旧是难处，诸名贤所可钻味，而不能拔理于郭、向之外。支道林在白马寺④中，将冯太常⑤共语，因及《逍遥》。支卓然标新理

---

① 将，几及之词。校订者按：将无，表示测度而意思偏于肯定，恐怕（大概）……吧。
② 《白马论》，赵人公孙龙云："白马非马。"
③ 名胜，有名之胜地也。校订者按：名胜在这里指名流、名士。
④ 白马寺在河南省洛阳市，此为僧寺之最古者。
⑤ 冯太常，晋冯怀，字祖思，长乐人。历太常护国将军。

于二家之表，立异义于众贤之外，皆是诸名贤寻味之所不得。后遂用支理。

许掾<sup>①</sup>年少时，人以比王苟子<sup>②</sup>，许大不平。时诸人士及于法师，并在会稽<sup>③</sup>西寺讲，王亦在焉。许意甚忿，便往西寺与王论理。共决优劣，苦相折挫，王遂大屈。许复执王理，王执许理，更相覆疏<sup>④</sup>，王复屈。许谓支法师曰："弟子向语何似？"支从容曰："君语佳则佳矣，何至相苦邪？岂是求理中之谈哉！"

林道人<sup>⑤</sup>诣谢公。东阳<sup>⑥</sup>时始总角，新病起，体

---

① 许掾，即许询，辟司徒掾，故称许掾。
② 王苟子，王修，字敬仁，小字苟子；光禄王濛之子，起家著作佐郎，琅邪王文学，转中军司马。
③ 会稽，山名，在浙江绍兴东南十二里。校订者按：会稽山，亦称茅山、亩山，位于今浙江绍兴市北部平原南部，跨越柯桥区、越城区、诸暨市、新昌县、嵊州市、上虞区等地，主峰在嵊州市西北。
④ 疏，疏通其义谓之疏。
⑤ 林道人，即支遁。校订者按：支遁，字道林，世称支公、林公，或支法师、林道人。
⑥ 东阳，即谢朗。校订者按：谢朗官至东阳太守，故称。

未堪劳。与林公讲论，遂至相苦。母王夫人①在壁后听之，再遣信令还，而太傅留之。王夫人因自出云："新妇少遭家难，一生所寄，惟在此儿。"因流涕抱儿以归。谢公语同坐曰："家嫂辞情慷慨，致可传述，恨不使朝士见！"

支道林、许掾诸人，共在会稽王②斋头③。支为法师，许为都讲④。支通一义，四坐莫不厌⑤心。许送一难，众人莫不抃舞。但共嗟咏二家之美，不辩其理之所在。

支道林初从东出⑥，住东安寺中。王长史⑦宿构

---

① 王夫人，太康王韬之女，名绥。
② 会稽王，即简文帝。校订者按：简文帝司马昱，原为会稽王。
③ 斋头，蔬食曰斋。晋时有以头作筵解者。校订者按：原注不确，这里"斋头"指书房、书斋。"头"为词缀，无义。
④ 都讲，讲师也。校订者按：魏晋以后，凡和尚开讲佛经，一人唱经，一人讲经。主讲者为法师，唱经者为都讲。
⑤ 厌与餍通，饱足也。
⑥ 支遁居会稽，晋哀帝遣中使至东迎之。校订者按：会稽在京都建康东面。
⑦ 王长史，即王濛。校订者按：王濛曾任司徒左长史。

精理，并撰其才藻①，往与支语，不大当对。王叙致作数百语，自谓："是名理奇藻。"支徐徐谓曰："身与君别多年，君义言了不长进。"王大惭而退。

殷中军②读《小品》③，下二百签，皆是精微。世之幽滞，尝欲与支道林辩之，竟不得。今《小品》犹存。

于法开④始与支公争名。后精渐归支，意甚不分⑤，遂遁迹剡下⑥。遣弟子出都，语⑦使过会稽，于时支公正讲《小品》，开戒⑧弟子："道林讲，比⑨汝至，当在某品中。"因示语攻难数十番，云："旧此中不可复通。"弟子如言诣支公，正值讲。因谨述

---

① 藻，水草之有文者以喻文焉。
② 殷中军，即殷浩。校订者按：殷浩仕至中军将军。
③ 《辨空经》之略者为《小品》。
④ 于法开才辩纵横，以数术弘教。居剡县，更学医术。
⑤ 不分，不甘惬也。校订者按：分，fèn，不平，不服气。
⑥ 剡下：剡山之下。
⑦ 语，为人论说也。
⑧ 戒，告也。
⑨ 比，及也。

开意，往反多时，林公遂屈。厉声曰："君何足复受人寄①载②来。"

殷、谢③诸人共集。谢因问殷，"眼往属万形，万形来入眼不？"

人有问殷中军："何以将得位而梦棺器，将得财而梦矢秽？"殷曰："官本是臭腐，所以将得而梦棺尸。财本是粪土，所以将得而梦秽污。"时人以为名通。

张凭④举孝廉，出都。负其才气，谓必参⑤时彦。欲诣刘尹⑥，乡里及同举者共笑之。张遂诣刘，刘洗濯料事，处之下坐。唯通寒暑，神意不接。张

---

① 寄，以物付人由此达彼也。
② 载，舟车运物也。校订者按：寄载受人委托、授意传言。
③ 殷、谢，殷浩、谢安也。
④ 张凭，字长宗，吴郡人。累迁吏部郎，御史中丞。
⑤ 参，间厕也。
⑥ 刘尹，即刘惔。校订者按：刘惔，字真长，官丹阳尹，故称。

欲自发无端，顷之，长史①诸贤来清言。客主有不通处，张乃遥于末坐判之。言约旨远，足畅彼我之怀。一坐皆惊，真长延之上坐。清言弥日，因留宿至晓。张退，刘曰："卿且去，正当取卿共诣抚军②。"张还船，同侣问何处宿，张笑而不答。须臾，真长遣传教③觅张孝廉船，同侣惋愕。即同载诣抚军，至门，刘前进，谓抚军曰："下官今日为公得一太常博士妙选。"既前，抚军与之话言，咨嗟称善。曰："张凭勃窣④为理窟。"即用为太常博士。

僧意⑤在瓦官寺中。王苟子来，与共语，便使其唱理。意谓王曰："圣人有情不？"王曰："无。"重问曰："圣人如柱邪？"王曰："如筹算。虽无情，运之者有情。"僧意云："谁运圣人邪？"苟子不得答而去。

---

① 长史，即王濛。
② 抚军，即简文帝。校订者按：简文帝曾任抚军大将军。
③ 传教，遣传命令之人。
④ 勃窣，匍匐行也。校订者按：窣，sū。勃窣，体貌短小，步履蹒跚的样子。此谓张凭体貌短小而理致富赡。
⑤ 原注未详僧意氏族所出。

## 文学第四

司马太傅问谢车骑①，"惠子②其书五车，何以无一言入玄？"谢曰："故当是其妙处不传。"

殷荆州曾问远公③："《易》以何为体？"答曰："《易》以感为体。"殷曰："铜山西崩，灵钟东应，便是《易》耶？"远公笑而不答。

殷仲堪云："三日不读《道德经》④，便觉舌本间强⑤。"

文帝⑥尝令东阿王⑦七步中作诗，不成者行大法。应声便为诗曰："煮豆持作羹，漉⑧菽以为汁。萁在釜下燃，豆在釜中泣。本自同根生，相煎何太急。"帝深有惭色。

---

① 谢车骑，即谢玄。校订者按：谢玄死后追赠车骑将军。
② 惠子，惠施，战国时人，庄子之友。
③ 远公，惠远，雁门人，本姓贾氏。
④ 《道德经》即《老子》。
⑤ 强，jiàng，不和柔也。
⑥ 文帝，曹丕，字子桓，曹操之长子，篡汉，即皇帝位，谥曰文帝。
⑦ 东阿王，曹植，字子建，曹丕之弟，封东阿王。
⑧ 漉，渗也，水因阻隔而徐徐下渗。

左太冲①作《三都赋》②初成，时人互有讥訾，思意不惬。后示张公③，张曰："此《二京》④可三。然君文未重于世，宜以经高名之士。"思乃询求于皇甫谧⑤。谧见之嗟叹，遂为作叙。于是先相非贰者，莫不敛衽⑥赞述焉。

孙子荆⑦除妇服，作诗以示王武子⑧。王曰："未知文生于情，情生于文？览之凄然，增伉俪⑨之重。"

太叔广⑩甚辩给⑪，而挚仲治⑫长于翰墨，俱为列

---

① 左太冲，晋左思，字太冲，齐国人。征为秘书。
② 三都者，刘备都益州号蜀，孙权都建业号吴，曹操都邺号魏。
③ 张公，即张华。
④ 《二京》，汉张衡，字平子，西鄂人。拟班固《两都》，作《二京赋》。
⑤ 皇甫谧，字士安，朝歌人。征辟皆不就，隐居终身。
⑥ 敛其衣襟，表示肃敬也。
⑦ 孙子荆，晋孙楚，字子荆，太原人。
⑧ 王武子，王济，字武子，太原人。起家中书郎，终太仆。
⑨ 伉俪者，言是相敌之匹偶也。校订者按：伉俪，夫妻。
⑩ 太叔广，字季思，东平人。
⑪ 辩给，有口才。
⑫ 挚仲治，挚虞，字仲治，长安人，师事皇甫谧，历秘书监、太常卿。

卿①。每至公坐，广谈，仲治不能对。退著笔难广，广又不能答。

庾子嵩②作《意赋》③成，从子文康④见，问曰："若有意邪，非赋之所尽；若无意邪，复何所赋？"答曰："正在有意无意之间。"

习凿齿⑤史才不常，宣武甚器之。未三十，便用为荆州治中。凿齿谢笺亦云："不遇明公，荆州老从事⑥耳。"后至都见简文，返命。宣武问："见相王⑦何如？"答云："一生不曾见此人。"从此忤旨，出为衡阳郡⑧，性理遂错⑨。于病

---

① 列卿，谓诸卿之列也。
② 庾子嵩，晋庾敳，字子嵩，颍川人。侍中庾峻之第三子，仕至豫州长史。敳，ái。
③ 敳见王室多难，知终婴其祸，作《意赋》以寄怀。
④ 庾亮谥文康。
⑤ 习凿齿，字彦威，襄阳人。
⑥ 从事，佐吏也。
⑦ 相王，即简文帝。校订者按：简文帝司马昱当时以会稽王的身份担任丞相，故称。
⑧ 左迁衡阳太守。校订者按：衡阳郡，东晋郡名，在今湖南东部地区，治所在湘乡。
⑨ 因抑郁而精神衰弱。校订者按：性理，神志。

中犹作《汉晋春秋》①,品评卓逸。

谢太傅问主簿陆退②:"张凭何以作母诔③,而不作父诔?"退答曰:"故当是丈夫之德,表于事行;妇人之美,非诔不显。"

孙兴公④云:"潘⑤文烂若披锦,无处不善。陆⑥文若排沙简金,往往见宝。"

桓公⑦见谢安石作简文谥议,看竟,掷与坐上诸客曰:"此是安石碎金⑧。"

---

① 《汉晋春秋》,起汉光武,终于晋愍帝,凡五十四卷。是时桓温觊觎非望,凿齿著此书以裁正之。
② 陆退,字黎民,吴郡人。张凭之婿,仕至光禄大夫。
③ 诔者,哀死而述其行之辞也。
④ 孙兴公,晋孙绰,字兴公,太原人。仕至散骑常侍。
⑤ 潘,潘岳,字安仁,荥阳人。仕至黄门侍郎。
⑥ 陆,陆机,字士衡,吴郡人。吴丞相陆逊之孙,与弟云齐名。
⑦ 桓公,即桓温。
⑧ 碎金,言善为文者,其绪余亦可珍贵也。

# 方正第五

陈太丘与友期行,期日中。过中不至,太丘舍去。去后乃至,元方时年七岁,门外戏。客问元方:"尊君在不?"答曰:"待君久不至,已去。"友人便怒曰:"非人哉,与人期行,相委而去。"元方曰:"君与家君期日中,日中不至,则是无信。对子骂父,则是无礼。"友人惭,下车引①之,元方入门不顾。

郭淮②作关中③都督,甚得民情,亦屡有战庸④。

---

① 引,相牵曰引。
② 郭淮,字伯济,阳曲人。在关中三十余年,迁仪同三司,赠大将军。
③ 关中,即今陕西省,东自函关,西至陇关,二关之间,谓之关中。
④ 庸,功也。

淮妻，太尉王凌①之妹，坐凌事②当并诛。使者征③摄④甚急，淮使戒⑤装，克日⑥当发。州府文武及百姓劝淮举兵，淮不许。至期遣妻，百姓号泣追呼者数万人。行数十里，淮乃命左右追夫人还，于是文武奔驰，如徇身首之急。既至，淮与宣帝⑦书曰："五子哀恋，思念其母。其母既亡，则无五子。五子若殒，亦复无淮。"宣帝乃表⑧，特原淮妻。

诸葛亮⑨之次⑩渭滨⑪，关中震⑫动⑬。魏明帝⑭深

---

① 王凌，字彦云，太原人。历司空，太尉，征东将军。
② 凌欲立楚王彪，司马宣王自讨之，凌自缚归罪。
③ 征，召也。
④ 摄，捕也。
⑤ 戒，备也。
⑥ 克日，严限日期也。
⑦ 宣帝，司马懿，字仲达，温县人，孙炎代魏，追尊为宣帝。
⑧ 表，下言于上曰表。
⑨ 诸葛亮，字孔明，阳都人。累迁丞相益州牧，封武乡侯，谥忠武。
⑩ 次，凡师一宿为舍，再宿为信，过信为次。
⑪ 渭滨，在今陕西之眉县武功县境。校订者按：渭滨，渭水之滨、渭水旁。《三国志·蜀志·诸葛亮传》："（建兴）十二年春，亮悉大众由斜谷出，以流马运，据武功五丈原，与司马宣王对于渭南。"
⑫ 震，惧。
⑬ 动，不安。
⑭ 魏明帝，曹睿，字元仲，继文帝为魏帝，在位十三年。

惧晋宣王战,乃遣辛毗①为军司马。宣王既与亮对渭而陈②,亮设诱谲万方。宣王果大忿,将欲应之以重兵。亮遣间谍觇之,还曰:"有一老夫,毅然仗黄钺,当军门立,军不得出。"亮曰:"此必辛佐治也。"

高贵乡公③薨,内外喧哗。司马文王问侍中陈泰④曰:"何以静之?"泰云:"唯杀贾充⑤,以谢天下。"文王曰:"可复下此不?"对曰:"但见其上,未见其下。"

诸葛靓后入晋⑥,除⑦大司马,召不起。以与晋室

---

① 辛毗,字佐治,阳翟人。累迁卫尉。毗,pí。
② 陈为阵之本字。校订者按:陈,同"阵",列阵。
③ 高贵乡公,曹髦,字彦士。魏文帝之孙,东海定王曹霖之子,初封郯县高贵乡公。司马师废废帝,立髦为帝,在位七年,司马昭之党贾充嗾成济弑之。
④ 陈泰,字玄伯,司空陈群之子。
⑤ 贾充,字公闾。汉贾逵之子。
⑥ 靓仕于吴为右将军大司马,吴亡入洛。
⑦ 拜官曰除,除去旧官就新官也。

有仇①,常背洛水而坐。与武帝②有旧,帝欲见之而无由,乃请诸葛妃③呼靓。既来,帝就太妃间相见。礼毕,酒酣,帝曰:"卿故复忆竹马之好不?"靓曰:"臣不能吞炭漆身④,今日复睹圣颜。"因涕泗百行。帝于是惭悔而出。

晋武帝时,荀勖⑤为中书监,和峤⑥为令。故事,监、令由来共车,峤性雅正,常疾勖谄谀。后公车⑦来,峤便登,正向前坐,不复容勖。勖方更觅车,然后得去。监、令各给⑧车自此始。

---

① 靓父诞为晋太祖司马昭所杀。
② 武帝,司马炎,字安世,司马昭之长子。篡魏称帝,在位二十五年,谥曰武帝。
③ 诸葛妃,武帝叔母琅邪王妃,靓之姊也。
④ 吞炭漆身,战国时,豫让欲弑赵襄子为智伯报仇,吞炭为哑,漆身为厉癞。
⑤ 荀勖,字公曾,颍川人。勖,xù,汉司空荀爽之曾孙,为安阳令,累迁侍中,中书监。
⑥ 和峤,字长舆,汝南人。吏尚书,太子少傅。
⑦ 公车,官车也。
⑧ 给,备也。

## 方正第五

齐王冏①为大司马,辅政。嵇绍为侍中,诣冏咨事。冏设宰②会,召葛旟③、董艾④等共论时宜。旟等白冏:"嵇侍中善于丝竹,公可令操之。"遂送乐器,绍推却不受。冏曰:"今日共为欢,卿何却邪?"绍曰:"公协辅皇室,令作事可法。绍虽官卑,职备常伯⑤。操丝比竹,盖乐官之事,不可以先王法服,为伶人⑥之业。今逼高命,不敢苟辞。当释冠冕,袭⑦私服,此绍之心也。"旟等不自得而退。

卢志⑧于众坐问陆士衡,"陆逊、陆抗⑨,是君何

---

① 司马冏,字景治,晋宗室献王攸之子。校订者按:司马冏在其父司马攸死后,袭爵齐王(其父赐谥号为"献"),后拜大司马。
② 宰者,官也。
③ 葛旟,字虚旟,齐王官属。
④ 董艾,字叔智,弘农人。齐王起义,艾领右将军。
⑤ 黄帝时,风后为侍中,于周为常伯之任。校订者按:《云笈七签·轩辕本纪》:"(黄帝)得风后于海隅……初为侍中,后登为相。"常伯,本为西周时畿内地方官,汉人多以侍中比常伯。
⑥ 伶人,黄帝时,伶伦造音乐,故后世称善音乐歌曲者为伶人。
⑦ 袭,服也。
⑧ 卢志,字子通,起家邺令,历成都王长史,卫尉卿,尚书郎。
⑨ 陆逊、陆抗,机之祖逊为吴丞相。父抗为吴大司马。校订者按:陆机,字士衡。

物?"答曰:"如卿于卢毓、卢珽。①"士龙②失色,既出户,谓兄曰:"何至如此?彼容不相知也。"士衡正色曰:"我父祖名播海内,宁有不知,鬼子③敢尔。"议者疑二陆优劣,谢公以此定之。

王太尉④不与庾子嵩交,庾卿⑤之不置。王曰:"君不得为尔。"庾曰:"卿自君我,我自卿卿。我自用我法,卿自用卿法。"

阮宣子⑥论鬼神有无者,或以人死有鬼,宣子独以为无。曰:"今见鬼者云:著生时衣服,若人

---

① 卢毓、卢珽,志之祖毓,字子家,为魏司空。父珽,字子笏,魏元帝末年为泰山太守。
② 陆云,字士龙,大司马抗之第五子,机同母之弟,累迁太子舍人,清河内史。
③ 汉卢充与鬼为婚生子,志即充之后裔。校订者按:《世说新语》刘孝标注引《孔氏志怪》的传说,谓卢志的祖先卢充在郊外入崔少府墓,与崔氏亡女成婚,三日后回家。崔氏怀孕生子,四年后送子还给卢充,此儿生卢植,卢植即为卢毓的父亲,也就是卢志的曾祖。
④ 王太尉,即王衍。
⑤ 敌体相呼为卿,盖贵之也。校订者按:卿,第二人称代词"你",是相互之间亲昵而不拘礼数之称。
⑥ 阮宣子,即阮修。校订者按:阮修字宣子,阮籍侄。

## 方正第五

死有鬼,衣服复有鬼邪?"

元皇帝①既登阼②,以郑后③之宠,欲舍明帝④而立简文。时议者咸谓:"舍长立少,既于理非伦⑤。且明帝以聪亮英断,益宜为储副。"周、王⑥诸公,并苦争恳切。唯刁玄亮⑦独欲奉少主,以阿帝旨。元帝便欲施行,虑诸公不奉诏。于是先唤周侯、丞相⑧入,然后欲出诏付刁。周、王既入,始至阶头,帝逆遣传诏,遏⑨使就东厢⑩。周侯未悟,即却略下

---

① 元皇帝,晋元帝,名睿,字景文,司马懿之曾孙。西晋亡时,即位建康。谥法,始建国都曰元,故谥为元帝。
② 阼,主阶也。天子之位曰阼,言为天下主也。
③ 郑后,字阿春,荥阳人。先嫁田氏,夫亡,依舅吴氏。元帝纳为夫人,生简文帝。
④ 明帝,名绍,字道畿,元帝之长子,在位三年。
⑤ 伦,常也。
⑥ 周、王,周𫖮、王导。校订者按:周𫖮,字伯仁,两晋时期名士、大臣,官至尚书左仆射。王导,字茂弘,历仕晋元帝、明帝和成帝三朝,是东晋政权的奠基人之一。
⑦ 刁协,字玄亮,饶安人。累迁尚书令。
⑧ 周侯、丞相,即周𫖮、王导。
⑨ 以逆相止曰遏。
⑩ 厢,廊也。

阶。丞相披①拨②传诏,径至御床③前曰:"不审陛下何以见臣?"帝默然无言,乃探怀中黄纸诏裂掷之,由此皇储始定。周侯方慨然愧叹曰:"我常自言胜茂弘,今始知不如也。"

周伯仁为吏部尚书,在省④内,夜疾危急。时刁玄亮为尚书令,营救备亲好之至,良久小损⑤。明旦报仲智⑥,仲智狼狈⑦来。始入户,刁下床对之大泣,说伯仁昨危急之状,仲智手批⑧之,刁为辟易⑨于户侧。既前,都不问病。直云:"君在中朝,与和长舆齐名,那与佞人刁协有情?"径便出。

---

① 从旁持曰披。
② 拨,捩开也。
③ 古人谓坐榻曰床。
④ 省,禁署也。言入此中者,当察视不可妄也。
⑤ 损,减。
⑥ 仲智,周嵩,字仲智,周顗之次弟。
⑦ 狼狈,猝遽也。
⑧ 手批,手击也。
⑨ 辟易,惊退也。辟,bì。

## 方正第五

王含①作庐江郡②,贪浊狼籍③。王敦护其兄,故于众坐称:"家兄在郡定佳,庐江人士咸称之。"时何充为敦主簿,在坐,正色曰:"充即庐江人,所闻异于是。"敦默然。旁人为之反侧④,充晏然,神意自若。

王大将军⑤既反,至石头。周伯仁往见之,谓周曰:"卿何以相负⑥?"对曰:"公戎车犯正,下官忝率六军,而王师不振。以此负公。"

苏峻⑦既至石头,百僚奔散。唯侍中锺雅独在帝⑧侧,或谓锺曰:"见可而进,知难而退,古之道也。君性亮直,必不容于寇仇。何不用随时之宜,

---

① 王含,字处弘,琅邪人。累迁徐州刺史,光禄勋。
② 庐江郡,故城在今安徽霍丘县西五十五里。
③ 狼籍,离披杂乱也。校订者按:指行为不检点,名声极坏。
④ 反侧,不安。
⑤ 王大将军,即王敦。
⑥ 被恩忘德曰负。
⑦ 苏峻,字子高,长广掖人。咸和三年建康陷,峻自领尚书,陶侃诛之。
⑧ 此指晋成帝。

而坐待其毙邪?"锺曰:"国乱不能匡①,君危不能济,而各逊遁以求免,吾惧董狐②将执简而进矣。"

何次道、庾季坚③,二人并为元辅。成帝初崩,于时嗣君未定。何欲立嗣子,庾及朝议以外寇方强,嗣子冲幼,乃立康帝④。康帝登阼,会群臣。谓何曰:"朕今所以承大业,为谁之议?"何答曰:"陛下龙飞,此是庾冰之功,非臣之力。于时用微臣之议,今不睹盛明之世。"帝有惭色。

刘真长、王仲祖⑤共行,日旰未食。有相识小人贻其餐,肴案甚盛,真长辞焉。仲祖曰:"聊以充虚,何苦辞?"真长曰:"小人都不可与作缘⑥。"

---

① 匡,救。
② 董狐,春秋时,晋国之史官也。赵穿弑晋灵公,赵盾不讨贼,董狐书曰:"赵盾弑其君。"孔子曰:"董狐,古之良史也。"
③ 庾季坚,晋庾冰,字季坚,太尉庾亮之弟,累迁车骑将军、江州刺史。
④ 晋康帝,名岳,字世同,成帝同母弟也,在位二年。
⑤ 刘真长、王仲祖,即刘惔、王濛。校订者按:刘惔,字真长。王濛,字仲祖。
⑥ 言不可与小人接近也。校订者按:作缘,结交、交往。

方正第五

王修龄①尝在东山,甚贫乏,陶胡奴②为乌程③令,送一船米遗之,却不肯取。直答语:"王修龄若饥,自当就谢仁祖索食,不须陶胡奴米。"

谢公闻羊绥④佳。致意令来,终不肯诣。后绥为太学博士,因事见谢公,公即取以为主簿。

孝武问王爽⑤:"卿何如卿兄?"王答曰:"风流秀出,臣不如恭⑥,忠孝亦何可以假人。"

王爽与司马太傅饮酒,太傅醉,呼王为"小子"⑦。王曰:"亡祖长史,与简文皇帝为布衣之交。

---

① 王修龄,晋王胡之,字修龄,琅邪人。历吴兴太守,拜使持节都督司州诸军事,西中郎将,司州刺史。
② 陶胡奴,陶范,字道则,小字胡奴,陶侃诸子中之最知名者,历尚书秘书监。
③ 乌程,即今浙江湖州市吴兴区。
④ 羊绥,字仲彦,太山人。仕至中书侍郎。
⑤ 王爽,字季明,小字睹,太原人。王濛之孙,王恭之第四弟,仕至侍中,赠太常。
⑥ 王恭,字孝伯,起家著作郎,历丹阳尹中书令,出为五州都督前将军,青、兖二州刺史。
⑦ 小子,轻慢之称也。

亡姑、亡姊,伉俪二宫[1],何小子之有?"

张玄与王建武[2]先不相识,后遇于范豫章[3]许,范令二人共语。张因正坐敛衽,王熟视良久,不对,张大失望,便去。范苦譬留之,遂不肯住。范是王之舅[4],乃让王曰:"张玄吴士之秀,亦见遇于时。而使至于此,深不可解!"王笑曰:"张祖希若欲相识,自应见诣。"范驰报张,张便束带造之,遂举觞对语,宾主无愧色。

---

[1] 王濛女,名穆之,为哀帝皇后。王蕴女,名法惠,为孝武皇后。校订者按:伉俪,夫妻、配偶。
[2] 王建武,王忱初作荆州刺史,后为建武将军。
[3] 范豫章,范宁,字武子,晋阳人。初为余杭令,迁豫章太守,著有《春秋穀梁传集解》。
[4] 王忱之母,为顺阳郡范汪女,名盖,宁之妹也。

# 雅量第六

有往来者云:"庾公有东下意①。"或谓王公②:"可潜稍严,以备不虞。"王公曰:"我与元规,虽俱王臣,本怀布衣之好。若其欲来,吾角巾③径还乌衣④,何所稍严!"

庾太尉风仪伟长,不轻举止,时人皆以为假。亮有大儿⑤数岁,雅重之质,便自如此,人知是天

---

① 庾亮镇武昌,有劝亮兴兵内向者。校订者按:庾公指庾亮,字元规。时都督江、荆六州军事、镇武昌,有黜王导意,郗鉴劝止。
② 王公,即丞相王导。
③ 巾之有棱角者,古隐居之服。
④ 乌衣,巷名,晋时贵族如王谢诸家,多居此巷,在今南京。
⑤ 庾亮之长子名会,字会宗,小字阿恭。

性。温太真尝隐幔怛①之,此儿神色恬②然,乃徐跪曰:"君侯何以为此?"论者谓"不减亮"。苏峻时遇害。或云:"见阿恭,知元规非假。"

郗太傅在京口,遣门生与王丞相书,求女婿。丞相语郗信③:"君往东厢,任意选之。"门生归,白郗曰:"王家诸郎,亦皆可嘉。闻来觅婿,咸自矜持。唯有一郎,在东床上坦④腹卧,如不闻。"郗公云:"正此好。"访之,乃是逸少,因嫁女与焉。

周仲智饮酒醉,瞋目还面谓伯仁曰:"君才不如弟,而横⑤得重名。"须臾,举蜡烛火掷伯仁。伯仁笑曰:"阿奴⑥火攻,固出下策耳。"

---

① 怛,dá,惊。
② 恬,安。
③ 明王世懋云:"晋人以使为信。"
④ 坦,平。
⑤ 横,hèng,不顺理也。
⑥ 阿奴,当是周嵩小字。但本书屡见,他处梁刘孝标注引邓粲《晋纪》曰:"阿奴,嵩之弟周谟也。"校订者按:"阿奴"为六朝时人习语,用于亲昵之第二人称代名词。

## 雅量第六

顾和①始为扬州②从事，月旦③当朝。未入顷，停车州门外，周侯诣丞相，历和车边。和觅虱，夷④然不动。周既过，反还，指顾心曰："此中何所有？"顾搏虱如故，徐应曰："此中最是难测地。"周侯既入，语丞相曰："卿州吏中有一令仆⑤才。"

谢太傅盘桓⑥东山，时与孙兴公诸人泛海戏。风起浪涌，孙、王⑦诸人色并遽⑧，便唱使还。太傅神情方王⑨，吟啸不言。舟人以公貌闲意说，犹去不止。既风转急，浪猛，诸人皆喧动不坐。公徐云："如此，将无归。"众人即承响而回，于是审其量，足以镇安朝野。

---

① 顾和，字君孝，吴郡顾荣之族，仕至尚书令。
② 晋明帝时，扬州统丹阳、吴郡、吴兴、新安、东阳、临海、永嘉、宣城、义兴、晋陵等郡。
③ 月旦，月朔之旦也。校订者按：朔，阴历每月初一。
④ 夷，安。
⑤ 令仆，谓尚书令与仆射。
⑥ 盘桓，不进。
⑦ 孙、王，孙绰与王羲之。
⑧ 遽，急。
⑨ 王，读去声，盛也。校订者按：王，通"旺"。

桓公①伏甲设馔,广延朝士,因此欲诛谢安、王坦之②。王甚遽,问谢曰:"当作何计?"谢神意不变,谓文度曰:"晋阼存亡,在此一行。"相与俱前,王之恐状,转见于色。谢之宽容,愈表于貌。望阶趋席,方作洛生咏③,讽④"浩浩洪流"⑤。桓惮其旷远,乃趣⑥解兵。王、谢旧齐名,于此始判优劣。

支道林还东⑦,时贤并送于征虏亭⑧。蔡子叔⑨前至,坐近林公。谢万石⑩后来,坐小远。蔡暂起,谢移就其处。蔡还,见谢在焉。因合褥举谢掷地,

---

① 桓公,即桓温。
② 王坦之,字文度,太原人。累迁侍中,中书令,领北中郎将,徐、兖二州刺史。
③ 谢安能作洛下书生咏,而少有鼻疾,语音浊。后名流多学其咏,弗能及,手掩鼻而吟焉。
④ 讽,诵。
⑤ 嵇康《赠秀才入军诗》句也。
⑥ 趣,遽也。校订者按:趣,通"促"。
⑦ 晋哀帝迎支遁游京邑,遁思会稽而归。
⑧ 晋惠帝时,征虏将军谢安立此亭,因以为名,此谢安,非太傅谢安也。校订者按:"谢安"当作"谢石",征虏亭为东晋时征虏将军谢石所建。
⑨ 蔡子叔,蔡系,字子叔,济阳人。蔡谟之次子,仕至抚军长史。
⑩ 谢万石,谢万,字万石,太傅谢安之弟,历吏部郎,西中郎将,豫州刺史,散骑常侍。

自复坐。谢冠帻①倾脱,乃徐起振衣就席。神意甚平,不觉瞋沮。坐定,谓蔡曰:"卿奇人,殆坏我面。"蔡答曰:"我本不为卿面作计。"其后二人俱不介意。

戴公②从东出,谢太傅往看之。谢本轻戴,见但与论琴书。戴既无吝色,而谈琴书愈妙,谢悠然知其量。

谢公与人围棋,俄而谢玄淮上③信至。看书竟,默然无言。徐向局,客问淮上利害,答曰:"小儿辈大破贼④。"意色举止,不异于常。

---

① 帻者,韬发之巾也。帻,zé。
② 戴公,晋戴逵,字安道,谯国人。后徙居会稽之剡县,好鼓琴,善属文,屡辞征命。
③ 淮上,淮水之上游。
④ 苻坚之众号百万,进屯寿阳。谢玄与从弟琰等,选精锐决战,射伤苻坚,俘获数万计。

# 识鉴第七

曹公①少时见乔玄②,玄谓曰:"天下方乱,群雄虎争。拨③而理之,非君乎?然君实是乱世之英雄,治世之奸贼。恨吾老矣!不见君富贵,当以子孙相累。"

曹公问裴潜④曰:"卿昔与刘备⑤共在荆州,卿以备才如何?"潜曰:"使居中国,能乱人,不能

---

① 曹公,曹操,字孟德,小字阿瞒,本姓夏侯,其父夏侯嵩为宦官曹腾养子,遂改姓曹。汉献帝时,为大将军。进位丞相,封魏王。长子曹丕篡汉,追尊为武帝。
② 乔玄,字公祖,睢阳人。累迁尚书令。
③ 拨,治。
④ 裴潜,字文行,河东人。
⑤ 刘备,字玄德,涿县人。汉景帝子中山靖王胜之后,曹丕篡汉时,即帝位于成都,在位三年,谥曰昭烈帝。

## 识鉴第七

为治。若乘①边守险,足为一方之主。"

何晏、邓飏②、夏侯玄③并求傅嘏④交,而嘏终不许。诸人乃因荀粲⑤说合之,谓嘏曰:"夏侯太初,一时之杰士。虚心于子,而卿意怀不可。交合则好成,不合则致隙⑥。二贤若穆⑦,则国之休⑧,此蔺相如所以下廉颇⑨也。"傅曰:"夏侯太初志大心劳,能合虚誉,诚所谓利口覆国之人。何晏、邓飏,有为而躁,博而寡要,外好利而内无关籥⑩。贵同恶异,多言而妒⑪前。

---

① 乘,登也。
② 邓飏,字玄茂,南阳人。邓禹之后,明帝时为尚书郎,后迁侍中尚书。
③ 夏侯玄,字太初,谯国人。夏侯尚之子,仕至太常。
④ 傅嘏,字兰硕,泥阳人。嘏,gǔ。傅介子之后,累迁河南尹尚书。
⑤ 荀粲,字奉倩,颍川人。太尉荀彧之少子。
⑥ 隙,怨也。
⑦ 穆,和也。
⑧ 休,庆也。
⑨ 战国时,赵蔺相如位在廉颇右。颇怒,欲辱之。相如常避匿,谓其舍人曰:"(吾)何畏廉将军哉,……秦以吾二人,故不敢加兵于赵。今两虎斗,势不俱生,吾以公家急而后私仇也。"颇闻谢罪。
⑩ 横持门户之木曰关。籥,与钥通,上贯关下插地之直木曰籥。校订者按:关籥,门闩之类横持门户之木,引申为检点、约束。
⑪ 己不如人而嫉之曰妒。

多言多衅①,妒前无亲。以吾观之,此三贤者,皆败德之人尔。远之犹恐罹祸,况可亲之邪?"后皆如其言。

石勒②不知书,使人读《汉书》③,闻"郦食其④劝立六国⑤后,刻印将授之",大惊曰:"此法当失,云⑥何得遂有天下?"至留侯谏。乃曰:"赖有此耳。"

武昌⑦孟嘉⑧作庾太尉州从事,已知名。褚太傅有知人鉴,罢豫章还,过武昌。问庾曰:"闻孟从事佳,今在此不?"庾云:"卿自求之。"褚眄睐⑨良久,指嘉曰:"此君小异,得无是乎?"庾大笑

---

① 衅,瑕隙。
② 石勒,字世龙,上党人。匈奴之苗裔也。晋元帝太兴二年,勒伪称赵王。成帝咸和五年,僭称正号。至咸和七年死,伪谥明皇帝。
③ 《汉书》,后汉扶风班固所撰,起高祖终孝平王莽之诛。二百三十年,凡八十余万字。固卒后,和帝令其妹班昭补成八表及《天文志》。书共一百二十卷,唐颜师古注。
④ 郦食其,Lì Yìjī,陈留人。
⑤ 战国时函谷以东之六国,楚、齐、燕、韩、魏、赵是也。
⑥ 云,犹言有如是也。
⑦ 武昌,即今湖北武汉市江夏区。
⑧ 孟嘉,字万年,后为桓温参军,转从事中郎,迁长史。
⑨ 眄睐,miàn lài,眷顾貌。

## 识鉴第七

曰:"然。"于时既叹褚之默识,又欣嘉之见赏。

戴安道年十余岁,在瓦官寺画。王长史见之曰:"此童非徒能画,亦终当致名。恨吾老,不见其盛时耳。"

小庾①临终,自表以子园客②为代。朝廷虑其不从命,未知所遣,乃共议用桓温。刘尹曰:"使伊去,必能克③定西楚④,然恐不可复制。"

谢公在东山畜⑤妓,简文曰:"安石必出。既与人同乐,亦不得不与人同忧。"

褚期生⑥少时,谢公甚知之。恒云:"褚期生若

---

① 小庾,太尉庾亮之弟庾翼。
② 园客,庾爱之,字仲真,小字园客,翼之次子。
③ 以肩任物曰克。校订者按:克,攻克、战胜。
④ 西楚,今湖北省西部诸县。校订者按:晋时指荆州地区。
⑤ 畜,养。
⑥ 褚期生,晋褚爽,字茂弘,河南人。太傅褚裒之孙,累迁中书郎,义兴太守。校订者按:褚爽小字期生。

不佳者，仆不复相士。"

王忱死，西镇①未定，朝贵人人有望。时殷仲堪在门下②，虽居机要，资名轻小，人情未以方岳③相许。晋孝武欲拔亲近腹心，遂以殷为荆州。事定，诏未出，王珣问殷曰："陕西④何故未有处分？"殷曰："已有人。"王历问公卿，咸云："非。"王自计才地必应在己。复问："非我邪？"殷曰："亦似非。"其夜诏出用殷。王语所亲曰："岂有黄门郎而受如此任！仲堪此举，乃是国之亡征。"

① 西镇，出镇西方之人。校订者按：西镇，荆州为西部重镇，故称。
② 晋孝武帝用仲堪为黄门侍郎，因给事黄门侍郎与侍中，俱管门下众事，遂名其官署为门下省。校订者按：门下，门下省，皇帝的顾问机构。
③ 方岳，管领兵权、驻节州郡、为国重镇者，如四方之岳也。校订者按：喻指地方长官。
④ 荆州所统之郡县，多为周初召公所主陕以西之地，故称陕西。校订者按：西周初治陕西西部以辅佐王室，此以之喻指重镇荆州。

# 赏誉第八 上

陈仲举尝叹曰:"若周子居①者,真治国之器。譬诸宝剑,则世之干将②。"

王濬冲、裴叔则二人总角诣钟士季。须臾去后,客问钟曰:"向二童何如?"钟曰:"裴楷清通,王戎简要。后二十年,此二贤当为吏部尚书,冀尔时天下无滞才。"

王戎目③山巨源:"如璞玉浑金,人皆钦其宝,

---

① 周子居,汉周乘,字子居,汝南人。为太山太守,有惠政。
② 春秋时,吴王阖闾请吴人干将作剑,干将与其妻莫邪造成阴阳二剑。阳曰干将,阴曰莫邪。
③ 目,称也。校订者按:目,品评、评价。

莫知名其器。"

山公举阮咸①为吏部郎，目曰："清真寡欲，万物不能移也。"

庾子嵩目和峤："森森如千丈松，虽磊砢②有节目③，施之大厦，有栋梁之用。"

王汝南④既除所生服，遂停墓⑤所。兄子济每来拜墓，略不过叔，叔亦不候济。脱时过⑥，止寒温而已。后聊⑦试问近事，答对甚有音辞，出济意外，济极惋愕。仍与语，转造精微。济先略无子侄之敬，既闻其言，不觉懔然，心形俱肃。遂留其语，

---

① 阮咸，字仲容，陈留人。阮籍之兄子也。
② 磊砢，魁礨貌。砢，luǒ。校订者按：磊砢，树木多节的样子，比喻人有奇才异能。
③ 节则木理之刚，目则木理之精。
④ 王汝南，晋王湛字处冲，太原人。司徒王浑之弟，仕至汝南内史。
⑤ 浑、湛之父王昶之墓。
⑥ 或有时过之也。校订者按：脱，偶或。
⑦ 聊，且略之辞。校订者按：聊，姑且、暂且。

弥日累夜。济虽俊爽①,自视缺然。乃喟然叹曰:"家有名士,三十年而不知。"济去,叔送至门。济从骑有一马绝难乘,少能骑者。济聊问:"叔好骑乘不?"曰:"亦好尔。"济又使骑难乘马。叔姿形既妙,回策②如萦③,名骑无以过之。济益叹其难测,非复一事。既还,浑④问济:"何以暂行累日?"济曰:"始得一叔。"浑问其故,济具叹述如此。浑曰:"何如我?"济曰:"济以上人。"武帝每见济,辄以湛调⑤之曰:"卿家痴叔⑥死未?"济常无以答。既而得叔,后武帝又问如前。济曰:"臣叔不痴。"称其实美。帝曰:"谁比?"济曰:"山涛以下,魏舒⑦以上。"于是显名,年二十八,始宦。

---

① 俊,卓特。爽,俊迈不群之意。
② 策,马箠。校订者按:策,马鞭。
③ 萦,旋绕。
④ 浑,王浑,字玄冲,太原人。魏司空王昶之子。仕至司徒,袭爵京陵侯。
⑤ 调,嘲笑。
⑥ 王湛有隐德,人莫能知。兄弟宗族,皆以为痴。
⑦ 魏舒,字阳元,任城人。初为钟毓长史,累迁侍中司徒。

洛中①雅雅②有三嘏。刘粹③字纯嘏，宏④字终嘏，漠⑤字冲嘏，是亲兄弟。王安丰甥⑥，并是王安丰女婿。宏，真长祖也。洛中铮铮⑦冯惠卿⑧，名荪，是播⑨子。荪与邢乔⑩，俱司徒李胤⑪外孙，及胤子顺⑫，并知名。时称"冯才清，李才明，纯⑬粹⑭邢"。

---

① 洛中，即洛阳。
② 雅雅，温文貌。
③ 刘粹，沛国人。历侍中，南中郎将。
④ 刘宏，历秘书监，光禄大夫。
⑤ 刘漠与王衍友善。自相国右长史，出为襄州刺史。
⑥ 刘孝标注引《刘氏谱》云："刘邠妻，武周女，生粹、宏、漠，非王氏甥。"
⑦ 铮铮，刚正不阿。
⑧ 冯惠卿，冯荪，长乐人。仕至侍中。校订者按：冯荪，字惠卿。
⑨ 播，冯播，字友声，位至大宗正。
⑩ 邢乔，字曾伯，河间人。仕至司隶校尉。
⑪ 李胤，字宣伯，辽东人。历官内外，位至司徒。
⑫ 顺，李顺，字曼长，仕至太仆卿。
⑬ 中外皆善曰纯。
⑭ 粹，不杂。

# 赏誉第八 下

庾子躬①有废疾，甚知名。家在城西，号曰："城西公府②。"

王太尉云："郭子玄语议，如悬河写③水，注而不竭。"

王公④目太尉⑤："岩岩⑥清峙⑦，壁立千仞。"

---

① 庾子躬，晋庾琮，字子躬，颍川人。太常庾峻之次子，仕至太尉掾。
② 公府，三公之府也。校订者按：三公是中国古代国君手下负责军政事物的最高长官。东汉至魏晋，以太尉、司徒、司空为三公。庾子躬为太尉掾（太尉的辅助官员，相当于助理或秘书）而称之为"城西府"，是恭维之词。
③ 写，泄也。校订者按：写，通"泻"。
④ 王公，即王导。
⑤ 太尉，即王衍。
⑥ 岩岩，高峻貌。
⑦ 清，青也。去浊远秽，色如青也。峙，屹立。

蔡司徒①在洛，见陆机兄弟住参佐廨②中，三间瓦屋。士龙住东头，士衡住西头。士龙为人，文弱可爱。士衡长七尺余，声作钟声，言多忼慨。

王敦为大将军，镇豫章。卫玠避乱，从洛投敦。相见欣然，谈话弥日。于时谢鲲为长史，敦谓鲲曰："不意永嘉③之中，复闻正始④之音。阿平⑤若在，当复绝倒⑥。"

何次道往丞相许，丞相以麈尾⑦指坐，呼何共坐。曰："来来，此是君坐。"

---

① 蔡司徒，晋蔡谟，字道明，陈留人。避乱渡江，为王敦从事中郎司徒左长史。平苏峻，赐爵。
② 参佐廨，掾属之官署也。校订者按：参佐，属官。廨，官署。
③ 永嘉，晋怀帝年号。
④ 正始，魏废帝年号。
⑤ 阿平，即王澄。校订者按：王澄，字平子，昵称之曰"阿平"。
⑥ 绝倒，倾倒佩服之意。
⑦ 麈尾，鹿大者曰麈，群鹿随之，视麈尾所转而往。古之谈者挥焉。麈，zhǔ。校订者按：麈尾，拂尘。魏晋名士清谈时常执的一种拂子，用麈（鹿一类的动物）的尾毛制成。

## 赏誉第八　下

王蓝田①为人晚成，时人乃谓之痴。王丞相以其东海②子，辟为掾。常集聚，王公每发言，众人竞赞之。述于末坐曰："主非尧舜，何得事事皆是？"丞相甚相叹赏。

庾公为护军，属桓廷尉③觅一佳吏，乃经年。桓后遇见徐宁④而知之。遂致于庾公曰："人所应有，其不必有；人所应无，己不必无。真海岱清士。"

世称："庾文康为丰年玉，稚恭为荒年谷。"庾家论云："是文康称恭为荒年谷，庾长仁⑤为丰年玉。"

萧中郎⑥，孙丞公⑦妇父。刘尹在抚军坐，时拟

---

① 王蓝田，晋王述，字怀祖，太原人。袭爵蓝田侯。
② 东海，即王承。校订者按：王述父王承曾任东海太守，故称。
③ 桓廷尉，晋桓彝，字茂伦，谯国人。汉五更桓荣十世孙。避乱渡江，累迁散骑常侍。校订者按：五更，古代乡官名，用以安置年老致仕的官员。汉明帝曾拜桓荣为五更。廷尉为秦汉至北齐主管司法的最高官吏。晋成帝初，桓彝死于苏峻之乱。被追赠廷尉，故称。
④ 徐宁，字安期，东海人。累迁吏部郎左将军，江州刺史。
⑤ 庾长仁，晋庾统，字长仁，太尉庾亮弟庾怿之子。仕至寻阳太守。
⑥ 萧中郎，晋萧轮，字祖周，乐安人。历常侍，国子博士。
⑦ 孙丞公，孙统，字丞公，孙绰之兄也。

为太常。刘尹云:"萧祖周不知便可作三公[①]不?自此以还,无所不堪。"

桓温行经王敦墓边过,望之云:"可儿!可儿!"

王仲祖称殷渊源:"非以长胜人,处长亦胜人。"

王长史谓林公,"真长可谓金玉满堂。"林公曰:"金玉满堂,复何为简选?"王曰:"非为简选,直致言处自寡耳。"

王仲祖、刘真长造殷中军谈,谈竟,俱载去。刘谓王曰:"渊源真可。"王曰:"卿故堕其云雾中。"

殷中军道韩太常曰:"康伯少自标置[②],居然是出群器。及其发言遣辞,往往有情致。"

---

① 三公,太尉,司徒,司空。
② 标置,标举名目,自为位置也。校订者按:标置,标榜、自负。

赏誉第八　下

简文道王怀祖："才既不长,于荣利又不淡;直以真率少许,便足对人多多许。"

许玄度送母①,始出都,人问刘尹:"玄度定称所闻不?"刘曰:"才情②过于所闻。"

殷渊源在墓所几十年。于时③朝野以拟管葛④,起不起,以卜江左兴亡。

桓大司马病。谢公往省病,从东门入。桓公遥望,叹曰:"吾门中久不见如此人。"

王长史云:"刘尹知我,胜我自知。"

---

① 刘孝标注云:玄度母,华轶女也。《许询集》及《晋阳秋》载询出都迎姊。此言送母,疑缪矣。
② 才者,天之良质也。情,即心之用。校订者按:才情,才华。
③ 于时,晋穆帝永和初年。
④ 管、葛,春秋时齐之管夷吾,三国时蜀之诸葛亮。

初,法汰①北来未知名,王领军②供养之。每与周旋行来,往名胜许,辄与俱。不得汰,便停车不行,因此名遂重。

桓公语嘉宾③:"阿源④有德有言。向使作令仆,足以仪刑⑤百揆⑥。朝廷用违其才耳。"

谢太傅道安北⑦:"见之乃不使人厌,然出户去,不复使人思⑧。"

刘尹云:"见何次道饮酒,使人欲倾家酿。"

---

① 法汰,释道安之友。一说,即安公弟子也。
② 王领军,王洽,字敬和,晋丞相王导之弟三子也。为导诸子中之最知名者。累迁吴郡内史,穆帝欲用为中书令,苦让不受。升平二年卒于官。校订者按:王洽曾被征拜为领军,故称。
③ 嘉宾,晋郗超,字景兴,小字嘉宾,高平人。司空郗愔之子。累迁中书郎,司徒左长史。
④ 阿源,即殷浩。校订者按:殷浩字渊源,名或字加"阿"相称,有亲昵意味。
⑤ 仪刑,法式。
⑥ 百揆,揆度百事,总持国政之官。揆,kuí。校订者按:百揆,百官。
⑦ 安北,王坦之卒后,晋孝武帝追赠安北将军。
⑧ 刘孝标注云:"谢公盖以王坦之好直言,故不思尔。"

## 赏誉第八 下

谢镇西①道敬仁②"文学镞镞③,无能不新。"

刘尹道江道群④"不能言而能不言。"

谢太傅重邓仆射⑤,常言:"天地无知,使伯道无儿⑥。"

范豫章谓王荆州⑦:"卿风流⑧俊望,真后来之秀。"王曰:"不有此舅,焉有此甥⑨。"

司马太傅为二王目曰:"孝伯⑩亭亭⑪直上,阿

---

① 谢镇西,即谢尚。校订者按:谢尚仕镇西将军,故称。
② 敬仁,即王修。校订者按:王修,字敬仁。
③ 镞镞者,盖有挺出之义。校订者按:镞镞,杰出的样子。
④ 江道群,晋江灌,字道群,陈留人。仆射江彪之从弟也。仕尚书中护军。
⑤ 邓仆射,晋邓攸,字伯道,平阳人。避难渡江,仕至尚书左仆射。
⑥ 攸避难于道中,弃己子,全弟子,后无继嗣。
⑦ 王荆州,即王忱。校订者按:王忱曾任荆州刺史,故称。范豫章,范宁,曾任豫章太守,故称。
⑧ 风流,品格也。校订者按:风流,杰出而有才华。
⑨ 范宁之妹,王忱之母也。
⑩ 孝伯,即王恭。校订者按:王恭,字孝伯。
⑪ 亭亭,耸立貌。

大<sup>①</sup>罗罗<sup>②</sup>清疏。"

王恭有清辞简旨。能叙说,而读书少,颇有重出。有人道孝伯:"常有新意,不觉为烦。"

---

① 阿大,即王忱。校订者按:王忱小字佛大,故昵称"阿大"。
② 罗罗,清疏之貌。

# 品藻第九

庞士元至吴①,吴人并友之。见陆绩②、顾劭③、全琮④而为之目曰:"陆子所谓驽马有逸足⑤之用,顾子所谓驽牛可以负重致远。"或问:"如所目,陆为胜邪?"曰:"驽马虽精速,能致一人耳。驽牛一日行百里,所致岂一人哉?"吴人无以难。"全子好声名,似汝南樊子昭⑥。"

顾劭尝与庞士元宿语,问曰:"闻子名知人,

---

① 庞士元为周瑜功曹,瑜卒,送丧至吴。
② 陆绩,字公纪,仕至郁林太守。
③ 顾劭,字孝则,吴郡人。起家为豫章太守。
④ 全琮,字子黄,吴郡人。为大司马。
⑤ 逸足,疾足也。
⑥ 樊子昭年至七十,退能守静,进不苟竞。

吾与足下孰愈?"曰:"陶冶①世俗,与时浮沉②,吾不如子。论王霸之余策③,览倚仗④之要害⑤,吾似有一日之长。"劭亦安其言。

诸葛瑾⑥、弟亮及从弟诞⑦,并有盛名,各在一国。于时以为"蜀得其龙,吴得其虎,魏得其狗"。诞在魏,与夏侯玄齐名;瑾在吴,吴朝服其弘量。

司马文王问武陔⑧:"陈玄伯⑨何如其父司空⑩?"陔曰:"通雅博畅,能以天下声教⑪为己任者,不如

---

① 陶冶,化育裁成之义。
② 浮沉,活泼而不固执。校订者按:浮沉指追随世俗,随波逐流。
③ 余策,留遗之策略。
④ 倚仗,凭恃之地势。校订者按:"倚仗"当为"倚伏"。《老子》曰:"祸兮福之所倚,福兮祸之所伏。"谓祸福之间相互依存。
⑤ 在我为要,在敌为害。校订者按:要害,关键之处。
⑥ 诸葛瑾,字子瑜,其先葛氏琅邪诸县人。后徙阳都,阳都先有姓葛者,时人谓"诸葛",因为氏。瑾仕于吴,累迁豫州牧。
⑦ 诸葛诞,字公休,初为吏部郎,累迁扬州刺史,镇东将军司空。
⑧ 武陔,字元夏,沛国人。魏光禄大夫武周之子。仕至左仆射。
⑨ 陈玄伯,即陈泰。校订者按:陈泰字玄伯。
⑩ 司空,此指汉太丘长陈实之孙陈群。
⑪ 声教,指天子之声威文教。

## 品藻第九

也。明练简至，立功立事，过之。"

正始中，人士比论①，以五荀方五陈：荀淑方陈寔，荀靖方陈谌，荀爽方陈纪，荀彧方陈群，荀顗②方陈泰。又以八裴方八王：裴徽③方王祥，裴楷方王夷甫，裴康④方王绥⑤，裴绰⑥方王澄，裴瓒⑦方王敦，裴遐⑧方王导，裴頠方王戎，裴邈⑨方王玄⑩。

王夷甫以王东海⑪比乐令，故王中郎⑫作碑⑬云：

---

① 正始为魏废帝之年号。裴王诸人之事迹，多在晋代。当正始时，有年尚幼稚者。当非同时之比论也。
② 荀顗，字景倩，荀彧之子。晋受禅，封临淮公，转太尉。卒，谥康公。
③ 裴徽，字文季，河东人。仕至冀州刺史。
④ 裴康，字仲豫，裴徽之子。历太子左率。
⑤ 有两王绥。一为仆射王愉之子，字彦猷，位至中书令。一为安丰侯王戎之子，字万子，辟太尉掾不就，年十九卒。
⑥ 裴绰，字仲舒，裴楷之弟，历中书黄门侍郎。
⑦ 裴瓒，字国宝，裴楷之子，终中书郎。
⑧ 裴遐，字叔道，河东人。长水校尉裴绲之子，辟司空掾，散骑郎。
⑨ 裴邈，字景声，河东人。历太傅从事中郎，左司马。
⑩ 王玄，字眉子，太尉王衍之子，为陈留太守。
⑪ 王东海，即王承。校订者按：曾任东海太守，故称。
⑫ 王中郎，即王坦之。校订者按：王坦之曾任北中郎将，故称。
⑬ 王承墓碑也。

"当时标榜①,为乐广之俪②。"

王大将军下③,庾公问:"闻卿有四友,何者是?"答曰:"君家中郎④,我家太尉⑤,阿平,胡毋彦国。阿平故当最劣。"庾曰:"似未肯劣。"庾又问:"何者居其右?"王曰:"自有人。"又问:"何者是?"王曰:"噫⑥!其自有公论。"左右蹴公,公乃止。

明帝⑦问谢鲲:"君自谓何如庾亮?"答曰:"端委⑧庙堂,使百官准则,臣不如亮。一丘一壑⑨,

---

① 标榜,表暴而称扬之也。校订者按:表暴即表襮,自我夸耀、显示。这里"标榜"为品评,称扬义。
② 俪,偶也。
③ 从长江之上游而下。
④ 中郎,即庾敱。校订者按:庾敱曾作司马太傅从事中郎。
⑤ 太尉,即王衍。校订者按:王衍官至尚书令、太尉。
⑥ 噫,叹声。
⑦ 明帝,晋元帝之子。
⑧ 端委,礼衣也。礼衣端正无杀,故曰端。文德之衣尚袖长,故曰委。校订者按:端委,端正宽舒的朝服。这里用为动词,指穿上朝服。
⑨ 一丘一壑,隐者所处之地也。校订者按:丘壑,是隐士居住的地方,这里指退隐山林,纵意丘壑、放情山水。魏晋名士崇尚老庄,追慕虚静,以隐遁不仕为上。

自谓过之。"

宋祎①曾为王大将军妾,后属②谢镇西。镇西问祎,"我何如王?"答曰:"王比使君③,田舍、贵人耳!"镇西妖冶④故也。

世论"温太真⑤,是过江⑥第二流⑦之高者"。时名辈共说人物,第一将尽之间,温常失色。

何次道⑧为宰相,人有讥其信任不得其人。阮思旷⑨慨然曰:"次道自不至此。但布衣超居宰相之位,可恨唯此一条而已。"

---

① 明王世懋补注云:"宋祎是绿珠女弟。"
② 属,从也。
③ 使君,古称刺史曰使君。凡奉使之官,亦以使君称之。
④ 妖,艳也。冶,装饰也。校订者按:妖冶,艳丽。
⑤ 温太真,即温峤。校订者按:温峤,字太真,自视甚高,对时人的评论也相当在意。
⑥ 晋室东迁,士大夫多渡江而至建业。
⑦ 第二流,犹言第二等。
⑧ 何次道,即何充。校订者按:何充,字次道。
⑨ 阮思旷,即阮裕。校订者按:阮裕,字思旷,阮籍族弟,以德业知名,精于论难,官至紫金光禄大夫。

时人道阮思旷："骨气不及右军，简秀不如真长，韶润①不如仲祖，思致②不如渊源，而兼有诸人之美。"

殷侯③既废④，桓公语诸人曰："少时与渊源共骑竹马，我弃去，已辄取之。故当出我下。"

谢公与时贤共赏说，遏、胡儿⑤并在坐。公问李弘度⑥曰："卿家平阳⑦，何如乐令？"于是李潸然流涕曰："赵王篡逆⑧，乐令亲授玺绶⑨。亡伯雅正，耻处乱朝，遂至仰药。恐难以相比。此自显于事实，非私亲之言。"谢公语胡儿曰："有识者果不异人意。"

---

① 韶，美也。润，饰也。校订者按：韶润，美好温润。
② 致，密致也。
③ 殷侯，即殷浩。
④ 桓温忌浩，因浩兵败，奏废为庶人。
⑤ 遏、胡儿，谢玄与谢朗也。校订者按：谢玄字幼度，小字遏，谢安兄谢奕子。谢朗字长度，小字胡儿，谢安兄谢据子。
⑥ 李弘度，即李充。
⑦ 平阳，晋李重，字茂重，江夏人。历吏部郎、平阳太守。
⑧ 惠帝永宁元年，赵王黜惠帝，自称帝。
⑨ 玺绶，天子之印章及组绶也。

## 品藻第九

王修龄①问王长史:"我家临川②,何如卿家宛陵③?"长史未答,修龄曰:"临川誉贵。"长史曰:"宛陵未为不贵。"

刘尹至王长史许清言,时苟子年十三,倚床边听。既去,问父曰:"刘尹语,何如尊④?"长史曰:"韶音⑤令辞不如我;往辄破的⑥,胜我。"

有人问谢安石、王坦之优劣于桓公。桓公停欲言,中悔。曰:"卿喜传人语,不能复语卿。"

孙兴公、许玄度皆一时名流⑦。或重许高情,则鄙孙秽行⑧;或爱孙才藻,而无取于许。

---

① 王修龄,即王胡之。校订者按:王胡之字修龄,与王羲之同祖兄弟。
② 临川,王羲之自会稽王友,改授临川太守。校订者按:会稽王为司马昱,咸和三年(328年),王羲之调入会稽王府,任会稽王友。
③ 宛陵,王述从骠骑功曹出为宛陵令。
④ 尊,君父之称也。
⑤ 韶音,音如舜乐之韶之美善也。
⑥ 破的,谓射中的也。以喻言之中理也。
⑦ 名流,名士之流也。人之类别,如水之分流。
⑧ 《晋书·孙绰传》中,未载绰之秽行。

王僧恩①轻林公,蓝田②曰:"勿学汝兄③,汝兄自不如伊。"

庾道季④云:"廉颇、蔺相如虽千载上死人,懔懔⑤恒如有生气。曹蜍⑥、李志⑦虽见在,厌厌⑧如九泉下人。人皆如此,便可结绳而治⑨,但恐狐狸猯⑩狢⑪噉尽。"

王黄门⑫兄弟三人,俱诣谢公,子猷、子重⑬多说俗事,子敬⑭寒温而已。既出,坐客问谢公:"向三贤

---

① 王僧恩,晋王祎之,字文邵,小字僧恩,王述之次子,仕至中书郎。
② 蓝田,即王述。校订者按:王述爵蓝田侯。
③ 王述之长子王坦之也。
④ 庾道季,晋庾龢,字道季,太尉庾亮之子,历任至丹阳尹,兼中领军。
⑤ 懔懔,敬畏也。
⑥ 曹蜍,曹茂之,字永世,小字蜍,彭城人。仕至尚书郎。
⑦ 李志,字温祖,江夏人。仕至员外常侍,南康相。
⑧ 厌厌,安静也。
⑨ 上古未有文字时,结绳以记事。
⑩ 猯,tuān,本作貒,野猪。
⑪ 狢,hé,本作貉,亦作貈,似狸。
⑫ 王黄门,晋王徽之,字子猷,王羲之之第五子,仕至黄门侍郎。
⑬ 王操之,字子重,王羲之之第六子,历秘书监,侍中,尚书,豫章太守。
⑭ 子敬,王献之,字子敬,王羲之之第七子,任至中书令。

孰胜?"谢公曰:"小者最胜。"客曰:"何以知之?"谢公曰:"吉人之辞寡,躁人之辞多①,推此知之。"

谢公问王子敬:"君书何如君家尊?"答曰:"固当不同。"公曰:"外人论殊不尔。"王曰:"外人那得知!"

王子猷、子敬兄弟共赏《高士传》②人及《赞》,子敬赏"井丹高洁③"。子猷云:"未若长卿慢世④。"

有人问袁侍中⑤曰:"殷仲堪何如韩康伯⑥?"

---

① 见《易·系辞》。校订者按:引自《周易·系辞下》。吉人,善人、贤人。躁人,浮躁的人。
② 《高士传》有二种,一为嵇康撰,一为皇甫谧撰。王徽之、献之所赏之《高士传》,乃嵇康所撰。
③ 井丹,字大春,扶风人。《高士传》赞曰:"井丹高洁,不慕荣贵。"校订者按:井丹为东汉隐士,通五经,善谈论,性清高,隐居不仕。
④ 长卿,汉司马相如,字长卿,成都人。《高士传》赞曰:"长卿慢世,越礼自放。"
⑤ 袁侍中,晋袁恪之,字元祖,陈郡人。历黄门侍郎,安帝义熙初,为侍中。
⑥ 韩康伯,即韩伯。校订者按:韩伯,字康伯,善玄理,官豫章太守、丹阳卢、吏部尚书等。

答曰:"理义所得,优劣乃复未辨。然门庭萧寂,居然有名士风流,殷不及韩。"故殷作诔云:"荆门昼掩,闲庭晏然。"

桓玄为太傅,大会,朝臣毕集。坐裁竟,问王桢之①曰:"我何如卿第七叔②?"于时宾客为之咽气。王徐徐答曰:"亡叔是一时之标③,公是千载之英。④"一坐欢然。

桓玄问刘太常⑤曰:"我何如谢太傅?"刘答曰:"公高,太傅深。"又曰:"何如贤舅子敬⑥?"答曰:"楂梨橘柚,各有其美。"

---

① 王桢之,字公幹,琅邪人。王徽之之子,历侍中,大司马长史。
② 王献之为王桢之第七叔。
③ 标,表也。校订者按:即楷模。
④ 英,俊选之尤者。校订者按:即英豪。
⑤ 刘太常,晋刘瑾,字仲璋,南阳人。历尚书太常卿。
⑥ 贤舅子敬,刘瑾之母,王羲之之女。校订者按:王献之字子敬,王羲之之子,刘瑾母为羲之之女,故瑾称子敬(王献之)为舅。

# 规箴第十

汉武帝①乳母尝于外犯事,帝欲申宪②,乳母求救东方朔③。朔曰:"此非唇舌所争,尔必望济者,将去时,但当屡顾帝,慎勿言!此或可万一冀耳。"乳母既至,朔亦侍侧,因谓曰:"汝痴耳!帝岂复忆汝乳哺时恩邪?"帝虽才雄心忍,亦深有情恋,乃凄然愍之,即敕免罪。

---

① 汉武帝,名彻。景帝之子,在位五十四年。
② 申宪,致之于法也。
③ 东方朔,字曼倩,平原厌次人,或作南阳步广里人,或以朔为楚人。武帝时,拜郎中。宣帝初,弃官而去。《史记·滑稽列传》载救此乳母者,为帝所幸倡郭舍人。

京房①与汉元帝②共论,因问帝:"幽③、厉④之君何以亡?所任何人?"答曰:"其任人不忠。"房曰:"知不忠而任之,何邪?"曰:"亡国之君,各贤其臣,岂知不忠而任之!"房稽首曰:"将恐今之视古,亦犹后之视今也。"

孙皓问丞相陆凯⑤曰:"卿一宗在朝有几人?"陆曰:"二相、五侯、将军十余人。"皓曰:"盛哉!"陆曰:"君贤臣忠,国之盛也。父慈子孝,家之盛也。今政荒民弊,覆亡是惧,臣何敢言盛。"

何晏、邓飏令管辂⑥作卦,云:"不知位至三公不?"卦成,辂称引古义,深以戒之。飏曰:"此

---

① 京房,字君明,东郡顿丘人。初以孝廉为郎,后为东郡。
② 汉元帝,名奭,宣帝之子,在位十六年。
③ 幽,周幽王,名宫涅,宣王之子。在位十一年,为犬戎所杀。谥法"壅遏不通曰幽。"
④ 厉,周厉王,名胡,夷王之子。在位三十七年,出居于彘,周召共和十四年。谥法"杀戮无辜曰厉。"
⑤ 陆凯,字敬风,丞相陆逊之族子,初为建忠校尉,累迁左丞相。
⑥ 管辂,字公明,平原人。辂,lù,明《周易》,善卜筮。

老生之常谈①。"晏曰:"知几其神乎②!古人以为难;交疏吐诚,今人以为难。今君一面尽二难之道,可谓明德惟馨③。《诗》不云乎:'中心藏之。何日忘之④!'"

晋武帝既不悟太子⑤之愚,必有传后意。诸名臣亦多献直言⑥。帝尝在陵云台⑦上坐,卫瓘⑧在侧,欲申其怀,因如醉跪帝前,以手抚床曰:"此坐可惜!"帝虽悟,因笑曰:"公醉邪?"

---

① 谓老年书生平常之议论,不足深信也。
② 此《易·系辞》也。疏云:"知几其神乎者,神道微妙,寂然不测。人若能豫知事之几微,则能与其神道合会也。"校订者按:几,jī,事物发展的征候,预兆。
③ 《书·君陈》篇文也。疏云:"明德之所远及,乃惟为馨香尔。"
④ 《诗·小雅·隰桑》卒章之句也,郑笺云:"藏,善也。……我心善此君子,又诚不能忘也。"校订者按:郑笺所释"藏"为"臧"之假借,故为"善、爱"之义。这句诗也可按"藏"之常用义解释。
⑤ 太子,惠帝为武帝之次子,泰始三年,立为皇太子。校订者按:太子司马衷,以痴呆著称。
⑥ 惠帝之为太子,咸谓不能亲政事。
⑦ 详于《巧艺》第二十一。校订者按:陵云台为魏明帝所造,在都城洛阳,今不存。《世说新语·巧艺》有记载。
⑧ 卫瓘,字伯玉,安邑人。瓘,guàn,善草书,官至太保,追封兰陵郡公。

王夷甫妇，郭泰甯女①，才拙而性刚，聚敛②无厌，干豫人事③，夷甫患之而不能禁。时其乡人幽州④刺史李阳⑤，京都大侠⑥，犹汉之楼护⑦，郭氏惮之。夷甫骤谏之，乃曰："非但我言卿不可，李阳亦谓卿不可。"郭氏小为之损。

王夷甫雅尚玄远，常嫉其妇贪浊，口未尝言"钱"字。妇欲试之，令婢以钱绕床，不得行。夷甫晨起，见钱阂⑧行，呼婢问："举却阿堵⑨物。"

王平子⑩年十四五，见王夷甫妻郭氏贪欲，令婢路上儋粪。平子谏之，并言不可。郭大怒，谓平

---

① 郭豫，字泰甯，太原人。仕至相国参军。
② 聚，积。敛，收。
③ 参预他人之事。
④ 晋幽州治涿，即今直隶涿县。校订者按：涿县于1986年撤县设涿州市。
⑤ 李阳，字景祖，高尚人。武帝时为幽州刺史。
⑥ 京都大侠，好任侠为同党所推重者。校订者按：即京城里有名的侠客。
⑦ 楼护，字君卿，齐人。母死送葬，车三千两。仕至天水太守。
⑧ 阂，hé，隔也。
⑨ 阿堵，当时俗语。犹今言这个。
⑩ 王平子，即王澄，王夷甫之弟。校订者按：王澄，字平子。

## 规箴第十

子曰:"昔夫人①临终,以小郎嘱②新妇,不以新妇嘱小郎。"急捉衣裾③,将与杖。平子饶力④,争得脱,逾窗而走。

陆玩拜司空,有人诣之,索美酒,得,便自起,泻著梁柱间地,祝曰:"当今乏才,以尔为柱石之用,莫倾人栋梁。"玩笑曰:"戢⑤卿良箴。"

小庾在荆州,公朝大会,问诸僚佐曰:"我欲为汉高、魏武⑥,何如?"一坐莫答,长史江彪⑦曰:"愿明公为桓、文⑧之事,不愿作汉高、魏武也。"

---

① 夫人,澄之母,乐安任氏女。
② 嘱,托也。
③ 裾,衣裒也。即今俗所谓大襟。校订者按:裒,bào,衣前襟。
④ 饶力,多力也。校订者按:指有力气。
⑤ 戢,jí,藏也。
⑥ 欲效刘邦、曹操以智力取天下也。
⑦ 江彪,字思玄,陈留人。彪,bīn,累迁尚书左仆射,护军将军。
⑧ 桓、文,齐桓公,名小白。晋文公,名重耳。二公皆诸侯盟主,攘夷狄以尊周室者。

远公在庐山①中，虽老，讲论不辍，弟子中或有堕②者，远公曰："桑榆之光③，理无远照。但愿朝阳之晖④，与时并明耳。"执经登坐，讽诵朗畅，词色甚苦。高足之徒⑤，皆肃然增敬。

桓玄欲以谢太傅宅为营，谢混⑥曰："召伯⑦之仁，犹惠及甘棠⑧。文靖⑨之德，更不保五亩之宅。"玄惭而止。

---

① 庐山在江西省九江市南。
② 堕，与惰通。
③ 桑榆之光，日落之时，其光尚留于桑榆之上。以喻人之晚年。
④ 朝阳之晖，人当少年时，如日初出之光也。
⑤ 高足之徒，生徒中之程度过人者。
⑥ 谢混，字叔源，小字益寿，谢安之孙。历中书令中领军，尚书左仆射。
⑦ 召伯，姬姓，名奭。奭，shì，食采于召，作上公，为二伯。校订者按："作上公，为二伯"指召伯位列三公，与周公旦一起辅佐成王。
⑧ 甘棠，周武王之时，召公为西伯。行政于南土，决讼于小棠之下，国人爱召伯而敬其树。校订者按：《诗经·召南·甘棠》即怀念、赞美召伯之政。
⑨ 文靖，谢安谥曰文靖。

# 捷悟第十一

杨德祖①为魏武主簿。时作相国门,始构榱桷②。魏武自出看,使人题门作"活"字,便去。杨见,即令坏之。既竟,曰:"门中'活','阔'字。王正嫌门大也。"

人饷魏武一杯酪,魏武啖少许。盖头上题"合"字以示众,众莫能解。次至杨修,修便啖,曰:"公教人啖一口也,复何疑!"

魏武尝过曹娥碑③下,杨修从。碑背上见题作

---

① 杨德祖,杨修,字德祖,弘农人。魏武为丞相,辟为主簿。
② 榱桷,cuī jué,屋椽。
③ 曹娥碑,汉曹盱,上虞人。有女曹娥。盱死于江,不得其尸。时娥年十四,觅父尸,自投于江而死。经五日,抱父尸出。县长度尚,悲怜其义,为之改葬。命其弟子作碑,以表其孝。

"黄绢幼妇,外孙齑臼"八字。魏武谓修曰:"解不?"答曰:"解。"魏武曰:"卿未可言,待我思之。"行三十里,魏武乃曰:"吾已得。"令修别记所知。修曰:"黄绢,色丝也,于字为绝。幼妇,少女也,于字为妙。外孙,女子也,于字为好。齑臼,受辛也,于字为辞。所谓'绝妙好辞'也。"魏武亦记之,与修同,乃叹曰:"我才不及卿,乃觉三十里。"

# 夙惠第十二

宾客诣陈太丘宿,太丘使元方、季方炊。客与太丘论议,二人进火,俱委而窃听。炊忘著箄①,饭落釜中。太丘问:"炊何不馏②?"元方、季方长跪曰:"大人与客语,乃俱窃听。炊忘著箄,饭今成糜。"太丘曰:"尔颇有所识不?"对曰:"仿佛志之。"二子俱说,更相易夺,言无遗失。太丘曰:"如此,但糜自可,何必饭也。"

何晏七岁,明惠③若神,魏武奇爱之。因晏在宫内④,欲以为子。晏乃画地令方,自处其中。人问

---

① 箄,bì,笼也。校订者按:箄,蒸饭器具,使米不漏至锅底水中。
② 馏,饭气流也。校订者按:馏,蒸饭,蒸熟。
③ 惠,与慧通。
④ 晏之父早亡。曹操为司空时,纳晏母,晏随母在宫。

其故,答曰:"何氏之庐也。"魏武知之,即遣还。

晋明帝数岁,坐元帝膝上。有人从长安①来,元帝问洛下②消息,潸然流涕。明帝问:"何以致泣?"具以东渡③意告之。因问明帝:"汝意谓长安何如日远?"答曰:"日远。不闻人从日边来,居然可知。"元帝异之。明日,集群臣宴会,告以此意,更重问之。乃答曰:"日近。"元帝失色,曰:"尔何故异昨日之言邪?"答曰:"举目见日,不见长安。"

桓宣武薨,桓南郡年五岁。服始除,桓车骑④与送故文武别。因指语南郡:"此皆汝家故吏佐。"玄应声恸哭,酸感傍人。车骑每自目己坐曰:"灵宝⑤成人,当以此坐还之。"鞠⑥爱过于所生。

---

① 长安,即今陕西西安市长安区。
② 洛下,即洛阳。
③ 东渡,因中朝倾覆,乃国于江东也。
④ 桓车骑,晋桓冲,字玄叔,大司马桓温之弟。累迁车骑将军,都督七州诸军事。
⑤ 灵宝,桓玄小字灵宝。
⑥ 鞠,养也。

## 豪爽第十三

　　王处仲,世许高尚之目①。尝荒恣于色,体为之敝。左右谏之,处仲曰:"吾乃不觉尔。如此者,甚易耳。"乃开后阁,驱诸婢妾数十人出路,任其所之。时人叹焉!

　　王处仲每酒后,辄咏"老骥伏枥。志在千里。烈士暮年。壮心不已"②。以如意③打唾壶,壶口尽缺。

---

① 王敦性简脱,口不言财。校订者按:王敦,字处仲。
② 魏武帝乐府诗之四句。
③ 如意出于印度,其端作手指形,亦有作心字形者。以骨角竹木玉石铜铁等为之,长三尺许。记文于上,以备遗忘。兼有我国蚤杖及笏之用。近世仿造如意,以为玩具。长不过一二尺,其端改作芝形云形。

桓公读《高士传》①，至於陵②仲子③，便掷去曰："谁能作此溪刻④自处。"

王司州⑤在谢公坐，咏"入不言兮出不辞，乘回风兮载云旗"⑥。语人云："当尔时，觉一坐无人。"

---

① 此皇甫谧所撰之《高士传》。
② 於陵，战国齐邑，汉置县，刘宋废。於，wū。故城在山东淄博市周村区、邹平县东南。城西有长白山，即陈仲子夫妇隐居之处。
③ 陈仲子，字子终，齐相齐戴之弟。以兄之禄与室为不义，辟兄离母，处于於陵。
④ 溪，与谿通，山渎无所通者。刻，削也。谓胸襟闭塞，意见褊狭也。校订者按："谿"本指山间低凹狭长的流水道；"溪"是"谿"的后起字。一般指长流水的小流。今天，这两个字都统一为"溪"。
⑤ 王司州，即王胡之。校订者按：王胡之官至司州刺史，故称。
⑥ 此《离骚·九歌·少司命》之辞。首句言神往来奄忽，入不语言，出不决辞，其志难知也。次句言司命之去，乘风载云，其形貌不可得见。

# 容止第十四

魏武将见匈奴①使。自以形陋②,不足雄远国,使崔季珪③代,帝自捉刀立床头。既毕,令间谍④问曰:"魏王何如?"匈奴使答曰:"魏王雅望非常,然床头捉刀人,此乃英雄⑤也。"魏武闻之,追杀此使。

何平叔美姿仪,面至白。魏明帝疑其傅粉,

---

① 匈奴为北狄之一族,秦汉时最盛,领有今内外蒙古之地。后分南北,北匈奴为汉窦宪所破,远走西方。南匈奴归汉,杂居于山西省、陕西省之北部。魏时分为五部。
② 形陋,曹操姿貌短小。
③ 崔季珪,崔琰,字季珪,清河人。眉目疏朗,须长四尺,甚有威重。
④ 伺敌间隙报告消息之人曰间谍。
⑤ 草之精秀者为英,兽之拔群者为雄。

正夏月，与热汤饼。既啖，大汗出。以朱衣自拭，色转皎然。

王夷甫容貌整丽，妙于谈玄。恒捉白玉柄麈尾，与手都无分别。

潘安仁、夏侯湛并有美容，喜同行，时人谓之"连璧"。

有人语王戎曰："嵇延祖①卓卓②如野鹤之在鸡群。"答曰："君未见其父③耳！"

裴令公有俊④容仪，脱冠冕，粗服乱头皆好。时人以为"玉人"。见者曰："见裴叔则如玉山上行，光映照人。"

---

① 嵇延祖，即嵇绍。校订者按：嵇绍字延祖，为嵇康之子。
② 卓卓，特立貌。
③ 嵇康长七尺八寸，龙章凤姿，天质自然。
④ 俊，卓特也。

## 容止第十四

骠骑王武子是卫玠之舅,俊爽有风姿。见玠辄叹曰:"珠玉在侧,觉我形秽。"

有人诣王太尉,遇安丰、大将军、丞相在坐。往别屋,见季胤①、平子。还,语人曰:"今日之行,触目见琳②琅③珠玉。"

王大将军称太尉:"处众人中,似珠玉在瓦石间。"

王右军见杜弘治④,叹曰:"面如凝脂,眼如点漆,此神仙中人。"时人有称王长史形者,蔡公⑤曰:"恨诸人不见杜弘治耳。"

刘尹道桓公:"鬓如反猬⑥皮,眉如紫石棱。自

---

① 季胤,晋王诩,字季胤,琅邪人。王衍之弟,仕至修武令。
② 琳,美石也。
③ 琅,琅玕,似珠者。
④ 杜弘治,晋杜乂,字弘治,京兆人。仕丹阳丞,早卒。
⑤ 蔡公,即蔡谟。
⑥ 猬,似豪猪而小。

是孙仲谋①、司马宣王一流人。"

时人目王右军:"飘如游云,矫若惊龙。"

王长史尝病,亲疏不通。林公来,守门人遽启之曰:"一异人在门,不敢不启。"王笑曰:"此必林公。"

海西②时,诸公每朝,朝堂犹暗,唯会稽王来,轩轩③如朝霞举。

有人叹④王恭形茂⑤者,云:"濯濯⑥如春月柳。"

---

① 孙仲谋,吴孙权字仲谋,据有江东,称帝于建业,在位三十一年。
② 海西,晋废帝,名奕,字延龄,成帝之子。在位五年,桓温废帝为东海王。简文帝咸安二年,降封海西县公。
③ 轩轩,高举貌。
④ 叹,称美曰叹。
⑤ 茂,美也。
⑥ 濯濯,肥泽貌。校订者按:一说"濯濯"为"明净清朗的样子"。

# 自新第十五

周处①年少时,凶强侠气,为乡里所患。又义兴水中有蛟,山中有遭迹虎②,并皆暴犯百姓。义兴人谓为三横,而处尤剧③。或说处杀虎斩蛟,实冀三横唯余其一。处即刺杀虎,又入水击蛟。蛟或浮或没,行数十里,处与之俱。经三日三夜,乡里皆谓已死,更相庆。竟杀蛟而出。闻里人相庆,始知为人情所患,有自改意。乃自吴寻二陆。平原④不在,正见清河⑤,具以情告。并云:"欲自修改,而年已

---

① 周处,字子隐,阳羡人。仕为御史中丞。氐人齐万年反,处力战,弦绝矢尽而没。
② 刘孝标注引《孔氏志怪》曰:"邪足虎。"
③ 剧,甚也。
④ 平原,平原内史陆机。
⑤ 清河,清河内史陆云。

蹉跎①，终无所成。"清河曰："古人贵朝闻夕死②，况君前途尚可。且人患志之不立，亦何忧令名不彰邪！"处遂改励，终为忠臣孝子。

戴渊③少时，游侠不治行检，尝在江淮间攻掠商旅。陆机赴假还洛，辎重甚盛。渊使少年掠劫。渊在岸上，据胡床④，指麾左右，皆得其宜。渊既神姿峰颖，虽处鄙事，神气犹异。机于船屋上遥谓之曰："卿才如此，亦复作劫邪？"渊便泣涕，投剑归机。辞厉⑤非常。机弥重之，定交，作笔荐焉⑥。过江，仕至征西将军。

---

① 蹉跎，失时也。指虚度光阴。
② 朝闻夕死，《论语·里仁》篇："子曰：朝闻道，夕死可矣。"宋朱熹云："道者，事物当然之理。苟得闻之，则生顺死安，无复遗恨矣。"
③ 戴渊，字若思，广陵人，元帝之忠臣也。王敦之参军吕猗，说敦收渊而害之。
④ 胡床，施转关以交足，穿便绦以容坐。转缩须臾，重不数斤。
⑤ 厉，严肃。
⑥ 机荐渊于赵王伦。

# 企羡第十六

　　王右军得人以《兰亭集序》<sup>①</sup>方《金谷诗序》<sup>②</sup>,又以己敌石崇<sup>③</sup>,甚有欣色。

　　王司州先为庾公记室参军,后取殷浩为长史。始到,庾公欲遣王使下都<sup>④</sup>,王自启求住,曰:"下

---

① 《兰亭集序》,晋穆帝永和九年三月上巳日,王羲之与谢安、孙绰等,集于会稽山阴之兰亭。修禊赋诗,羲之作序纪其事,以蚕茧纸、鼠须笔书之。校订者按:修,从事、进行。禊,祭祀名称,古人常于上巳日到水边洗涤、嬉游,并举行祈福消灾的仪式。
② 《金谷诗序》,晋惠帝元康六年,石崇、苏绍等,在金谷涧中崇之别庐,共送征西大将军祭酒王诩还长安。游宴赋诗,其诗序为石崇所作。
③ 石崇,字季伦,小名齐奴,南皮人。司徒石苞之子。崇为荆州刺史时,劫远使商客,致富不赀。
④ 下都,东下入都也。

官希见盛德,渊源始至,犹贪与少日周旋①。"

郗嘉宾得人以己比苻坚,大喜。

孟昶②未达时,家在京口。尝见王恭乘高舆,被鹤氅裘。于时微雪,昶于篱间窥之,叹曰:"此真神仙中人!"

---

① 周旋,相追逐。
② 孟昶,字彦达,平昌人。中护军孟馥之子,仕至丹阳尹。

# 伤逝第十七

王仲宣①好驴鸣,既葬,文帝临其丧。顾语同游曰:"王好驴鸣,可各作一声以送之。"赴客皆一作驴鸣。

孙子荆以有才,少所推服,唯雅敬王武子。武子丧,时名士无不至者。子荆后来,临尸恸哭,宾客莫不垂涕。哭毕,向灵床曰:"卿常好我作驴鸣,今我为卿作。"体似真声,宾客皆笑。孙举头曰:"使君辈存,令此人死!"

有人哭和长舆曰:"峨峨②若千丈松崩。"

---

① 王仲宣,魏王粲,字仲宣,山阳人。祖龚,父畅,皆为汉三公。
② 峨峨,高貌。

卫洗马以永嘉六年丧①,谢鲲哭之,感动路人。咸和中②,丞相王公教③曰:"卫洗马当改葬。此君风流名士,海内所瞻。可修④薄祭,以敦旧好。"

顾彦先⑤平生好琴,及丧,家人常以琴置灵床上。张季鹰⑥往哭之,不胜其恸,遂径上床,鼓琴,作数曲竟。抚琴曰:"顾彦先颇复赏此不?"因又大恸,遂不执孝子手而出。

庾亮儿⑦遭苏峻难,遇害。诸葛道明⑧女⑨为庾儿妇,既寡,将改适⑩,与亮书及之。亮答曰:"贤

---

① 卫玠亡于晋怀帝永嘉六年六月二十日,葬于南昌。校订者按:卫玠,官任太子洗马,故称。
② 咸和中,晋成帝时也。校订者按:咸和,晋成帝年号(公元326—334年)。
③ 教,谕告之词。
④ 修,饬也。整备也。
⑤ 顾彦先,即顾荣。校订者按:顾荣字彦先。
⑥ 张季鹰,晋张翰,字季鹰,吴大鸿胪张俨之子。齐王辟为东曹掾,以疾归,终于家。
⑦ 庾亮儿,即庾会,小字阿恭。
⑧ 诸葛道明,晋诸葛恢,字道明,琅邪人。累迁尚书令。
⑨ 名文虎。
⑩ 改适,改嫁江彪。

## 伤逝第十七

女尚少,故其宜也。感念亡儿,若在初没。"

庾文康亡,何扬州①临葬云:"埋玉树著土中,使人情何能已已!"

戴公见林法师墓②,曰:"德音未远,而拱③木已积。冀神理绵绵④,不与气运俱尽耳!"

王子猷、子敬俱病笃,而子敬先亡⑤。子猷问左右:"何以都不闻消息⑥?此已丧矣。"语时了不悲。便索舆来奔丧,都不哭。子敬素好琴,便径入坐灵床上,取子敬琴弹,弦既不调,掷地云:"子敬子敬,人琴俱亡!"因恸绝良久,月余亦卒。

---

① 何扬州,即何充。校订者按:何充曾任扬州刺史,故称。
② 支遁殁于晋废帝太和元年,葬于剡之石城山。校订者按:林法师即支遁,支遁字道林,人称林法师,东晋名僧。
③ 拱,两手所围曰拱。
④ 绵绵,长不绝也。
⑤ 王献之卒于晋孝武帝太元十三年。校订者按:王子猷即王徽之,王羲之第五子;王子敬即王献之,王羲之第七子。
⑥ 消息,谓音信也。消谓减,息谓增。人事惟有吉凶善恶,故称音信为消息。

# 栖逸第十八

嵇康游于汲郡①山中,遇道士孙登②,遂与之游。康临去,登曰:"君才则高矣,保身之道不足。"

山公将去选曹,欲举嵇康③,康与书告绝④。

何骠骑弟⑤以高情避世,而骠骑劝之令仕。答曰:"予第五之名,何必减骠骑。"

阮光禄在东山,萧然无事,常内足于怀。有人

---

① 汲郡,即今河南卫辉。
② 孙登,字公和,不知何许人。无家,住于汲郡北山土窟。
③ 山涛举嵇康自代也。
④ 康作《与山巨源绝交书》,以有必不堪者七,甚不可者二答之。
⑤ 何骠骑弟,晋何准,字幼道,庐江人。何充之第五弟。

## 栖逸第十八

以问王右军,右军曰:"此君近不惊宠辱①。虽古之沉冥②,何以过此!"

孟万年③及弟少孤④,居武昌阳新县⑤。万年游宦,有盛名当世,少孤未尝出,京邑人士思欲见之,乃遣信报少孤云:"兄病笃。"狼狈至都,时贤见之者,莫不嗟重。因相谓曰:"少孤如此,万年可死。"

戴安道既厉操东山,而其兄⑥欲建式遏⑦之功。谢太傅曰:"卿兄弟志业,何其太殊?"戴曰:"下官不堪其忧,家弟不改其乐。"

---

① 不惊宠辱,《老子》曰:"得之若惊,失之若惊,是谓宠辱若惊。"
② 沉冥,犹玄寂,泯然无迹之貌。
③ 孟万年,即孟嘉。校订者按:孟嘉,字万年。
④ 少孤,孟陋,字少孤,终身不仕。
⑤ 武昌阳新县,故城在今湖北阳新县西南六十里。
⑥ 其兄,晋戴逯,字安丘,谯国人。以武勇显,封广陵侯。仕至大司农。
⑦ 《诗·民劳》五章,每章皆有"式遏寇虐"句,式,用也。遏,止也。寇虐,大恶也。止绝不为害民之事也。校订者按:"式遏"典出《诗经·大雅·民劳》:"式遏寇虐,憯不畏明。柔远能迩,以定我王。"本指使恶人不得作虐为恶,这里指做官建立事功。式,句首助词。

范宣未尝入公门。韩康伯与同载。遂诱俱入郡,范便于车后趋下。

许掾好游山水,而体便登陟。时人云:"许非徒有胜情,实有济胜之具。"

郗尚书①与谢居士②善,常称:"谢庆绪识见虽不绝人,可以累心处都尽。"

---

① 郗尚书,晋郗恢,字道胤,高平人。北中郎将郗昙之子。自太子左率,擢为雍州刺史。校订者按:郗恢官至尚书,故称。
② 谢居士,谢敷,字庆绪,会稽人。崇信释氏,以长斋供养为业。

# 贤媛第十九

陈婴①者,东阳人②,少修德行,著称乡党。秦末大乱,东阳人欲奉婴为主,母曰:"不可。自我为汝家妇,少见贫贱,一旦富贵,不祥。不如以兵属人,事成,少受其利;不成,祸有所归。"

汉元帝宫人既多,乃令画工图之。欲有呼者,辄披图召之。其中常者,皆行货赂。王明君③姿容甚丽,志不苟求,工遂毁为其状。后匈奴来和,求美女于汉帝④。帝以明君充行,既召见而惜之。但名

---

① 陈婴,故东阳令史,后以兵属项梁,梁以婴为上柱国。
② 东阳,故城在今安徽天长市西北。
③ 王明君,王嫱,字昭君,晋时避司马文王讳,称为明君。
④ 元帝竟宁元年,呼韩邪单于来朝,自言"愿婿汉氏以自亲"。

字已去,不欲中改,于是遂行。

汉成帝①幸赵飞燕②,飞燕谗班婕妤③祝诅④。于是考问。辞曰:"妾闻死生有命,富贵在天。⑤修善尚不蒙福,为邪欲以何望?若鬼神有知,不受邪佞之诉;若其无知,诉之何益?故不为也。"

赵母⑥嫁女,女临去,敕之曰:"慎勿为好!"女曰:"不为好,可为恶邪?"母曰:"好尚不可为,其况恶乎。"

许允⑦妇,是阮卫尉⑧女,德如⑨妹,奇丑。交

---

① 汉成帝,名骜,元帝之子,在位二十六年。
② 赵飞燕,汉成帝宫人。初学歌舞,以体轻号曰飞燕。先为婕妤,许后废,立为后。
③ 班婕妤,雁门人。选入宫,立为婕妤。后供养太后于长信宫。
④ 祝,以言告神谓之祝,请神加殃谓之诅。
⑤ 死生有命,富贵在天,《论语·颜渊》篇,子夏述闻于夫子之言也。
⑥ 赵母,三国时,吴桐乡令、东郡虞韪妻。颍川赵氏女也。校订者按:赵母曾作《列女传解》,号《赵母注》。
⑦ 许允,字士宗,高阳人。仕至领军将军。
⑧ 阮卫尉,阮共,字伯彦,尉氏人。仕魏,至卫尉卿。
⑨ 德如,阮侃。字德如,共之少子,仕至河内太守。

## 贤媛第十九

礼竟，允无复入理，家人深以为忧。会允有客至，妇令婢视之，还，答曰："是桓郎。"桓郎者，桓范①也。妇云："无忧，桓必劝入。"桓果语许云："阮家既嫁丑女与卿，故当有意，卿宜察之。"许便回入内，既见妇，即欲出。妇料其此出，无复入理，便捉裾停之。许因谓曰："妇有四德②，卿有其几？"妇曰："新妇所乏唯容尔。然士有百行③，君有几？"许云："皆备。"妇曰："夫百行以德为首，君好色不好德，何谓皆备！"允有惭色，遂相敬重。

许允为吏部郎，多用其乡里，魏明帝遣虎贲④收之。其妇出诫允曰："明主可以理夺，难以情求。"既至，帝核问之。允对曰："举尔所知⑤，臣之乡人，

---

① 桓范，字允明，沛郡人。仕至大司农。
② 妇有四德，班昭《女诫》云："女有四行：一曰妇德，二曰妇言，三曰妇容，四曰妇功。"
③ 士有百行，《诗·卫风·氓》第三章，郑笺云："士有百行，可以功过相除。"
④ 虎贲，官名。言如猛虎之奔，状其勇奋也。冠插两鹖毛，主宿卫。
⑤ 举尔所知，《论语·子路》篇，仲弓问："焉知贤才而举之？"孔子告之曰："举尔所知。"

臣所知也。陛下检校<sup>①</sup>为称职与不，若不称职，臣受其罪。"既检校，皆官得其人，于是乃释。允衣服败坏，诏赐新衣。初，允被收，举家号哭，阮新妇自若。云："勿忧，寻还。"作粟粥待，顷之允至。

许允为晋景王所诛<sup>②</sup>，门生走入告其妇。妇正在机中，神色不变。曰："蚤知尔耳<sup>③</sup>！"门人欲藏其儿<sup>④</sup>，妇曰："无豫诸儿事。"后徙居墓所，景王遣锺会看之。若才流及父，当收。儿以咨母，母曰："汝等虽佳，才具不多。率胸怀与语，便无所忧。不须极哀，会止便止，又可少问朝事。"儿从之。会反，以状对，卒免。

王经<sup>⑤</sup>少贫苦，仕至二千石<sup>⑥</sup>。母语之曰："汝本

---

① 检校，犹言查核也。
② 许允为镇北将军，有司奏允前擅以厨钱谷乞诸俳及其官属，减死徙边，道死。
③ 允之为镇北，喜谓其妻曰："吾知免矣。"妻曰："祸见于此，何免之有。"
④ 允长子名奇，字子太，后仕至尚书祠部郎。次子名猛，字子豹，后为幽州刺史。
⑤ 王经，字彦纬，又字承宗，清河人。仕魏为尚书。
⑥ 二千石，汉时，内有九卿郎将，外至郡守尉，皆秩二千石。

## 贤媛第十九

寒家子,仕至二千石,此可以止乎!"经不能用。为尚书,助魏,不忠于晋。被收①。涕泣辞母曰:"不从母敕,以至今日。"母都无戚容,语之曰:"为子则孝,为臣则忠。有孝有忠,何负吾邪。"

山公与嵇、阮②一面,契若金兰③。山妻韩氏,觉公与二人异于常交。问公,公曰:"我当年可以为友者,唯此二生耳!"妻曰:"负羁之妻,亦亲观狐、赵④。意欲窥之,可乎?"他日,二人来,妻劝公止之宿,具酒肉。夜穿墉⑤以视之,达旦忘反。公入,曰:"二人何如?"妻曰:"君才致殊不如,正当以识度相友耳。"公曰:"伊辈亦常以我度为胜。"

---

① 被收,魏帝曹髦将自出讨司马昭,经谏髦不听。王沈、王业驰告昭,经以正直不出,遂被昭杀之。校订者按:这里的"沈"同"沉",古籍中多作"沈"。
② 嵇、阮,嵇康、阮籍也。籍,字嗣宗,尉氏人。仕魏,官至步兵校尉。
③ 金兰,《易·系辞》:"二人同心,其利断金。同心之言,其臭如兰。"
④ 《春秋左氏传》鲁僖公二十三年,狐偃、赵衰从晋公子重耳过曹。僖负羁之妻曰:吾观晋公子之从者,皆足以相国。"
⑤ 墉,堂中北墙谓之墉。

王浑①妻锺氏②,生女令淑。武子为妹求简美对而未得。有兵家子,有俊才,欲以妹妻之。乃白母,曰:"诚是才者,其地可遗③,然要令我见。"武子乃令兵儿与群小杂处,使母帷中察之。既而,母谓武子曰:"如此衣形者,是汝所拟者非邪?"武子曰:"是也。"母曰:"此才足以拔萃④。然地寒,不有长年,不得申其才用。观其形骨,必不寿,不可与婚。"武子从之。兵儿数年果亡。

王汝南⑤少无婚,自求郝普⑥女。司空⑦以其痴⑧,会无婚处,任其意,遂许之。既婚,果有令姿淑德。生东海⑨,遂为王氏母仪。或问汝南:"何

---

① 王浑见《赏誉第八上》。
② 锺夫人,名琰之,太傅锺繇之孙。
③ 其地可遗,言可勿论其地位也。校订者按:出身门第。遗,忽略,抛开。
④ 拔萃,超拔乎众萃之中也。
⑤ 王汝南,即王湛。校订者按:王湛曾任汝南内史,故称。
⑥ 郝普,字道匡,太原人。仕至洛阳太守。
⑦ 司空,魏王昶,字文舒,仕至司空。
⑧ 见《赏誉第八上》。校订者按:王湛看似痴傻,实际上很有见识,具体内容见前文《赏誉第八上》有关王汝南的内容。
⑨ 即王承。校订者按:王承官至东海太守。

## 贤媛第十九

以知之?"曰:"尝见井上取水,举动容止不失常,未尝忤观,以此知之。"

王司徒妇,锺氏女,太傅曾孙,亦有俊才女德。锺、郝为娣姒①,雅相亲重。锺不以贵陵郝,郝亦不以贱下锺。东海家内,则郝夫人之法。京陵家内,范锺夫人之礼。

陶公少有大志,家酷贫,与母湛氏②同居。同郡范逵③素知名,举孝廉,投侃宿。于时冰雪积日,侃室如悬磬④,而逵马仆甚多。侃母湛氏语侃曰:"汝但出外留客,吾自为计。"湛头发委地,下⑤为二髲⑥,卖得数斛米。斫诸屋柱,悉割半为薪。

---

① 娣姒,妯娌。
② 母湛氏,侃父丹,取新淦湛氏女,生侃。
③ 范逵,鄱阳人。史书无逵之他事迹,而逵能结交当世名流。陶公且赖以显达,逵必未为官而早卒也。
④ 悬磬,《春秋左氏传》僖公二十六年,杜注云:"居室而资粮县罄。"校订者按:罄当为"磬",古代的打击乐器。室如悬磬,形容室内空无所有,如悬挂的石磬一样。
⑤ 下,剪下也。
⑥ 髲,bì,益发也。言人发少,聚他人发益之也。校订者按:髲,假发。

剉①诸荐②以为马草。日夕，遂设精食，从者皆无所乏。逵既叹其才辩，又深愧其厚意。明旦去，侃追送不已，且百里许。逵曰："路已远，君宜还。"侃犹不返。逵曰："卿可去矣。至洛阳，当相为美谈。"侃乃返。逵及洛，遂称之于羊晫③、顾荣诸人，大获美誉。

陶公少时，作鱼梁吏④，尝以坩鲊⑤饷母。母封鲊付使，反书责侃曰："汝为吏，以官物见饷，非唯不益，乃增吾忧。"

桓宣武平蜀⑥，以李势⑦妹为妾。甚有宠，常著斋⑧

---

① 剉，cuò，斩截也。
② 荐，卧席也。
③ 羊晫，侃州里也。晫，zhuó。《晋书》作杨晫，豫章国郎中令，后为十郡中正。校订者按：州里，古代二千五百家为州，二十五家为里，本为行政建制，后泛指乡里或本土，这里指同乡的人。
④ 鱼梁吏，管取鱼之梁之吏也。
⑤ 坩，gān，土器，如缸瓮之类。鲊，zhǎ，同鲞。干鱼腊也。坩鲊，藏鲊于坩也。校订者按：鲞，xiǎng，剖开后晾干的鱼。
⑥ 桓宣武平蜀，晋穆帝永和三年，桓温伐蜀，取之。校订者按：桓温死后，谥号宣武，故称"桓宣武"。
⑦ 李势，字子仁，身长七尺九寸，腰带十四围，蜀李寿之长子。寿死，势嗣伪位。桓温率水军直指成都，势兵败归降，迁之扬州。
⑧ 斋，燕居之室曰斋。

后。主①始不知,既闻,与数十婢拔白刃袭之。正值李梳头,发委藉地,肤色玉曜,不为动容。徐曰:"国破家亡,无心至此。今日若能见杀,乃是本怀。"主惭而退。

桓车骑不好著新衣。浴后,妇②故送新衣与。车骑大怒,催使持去。妇更持还,传语云:"衣不经新,何由而故?"桓公大笑,著之。

王右军郗夫人谓二弟司空③、中郎④曰:"王家见二谢⑤,倾筐倒庋⑥。见汝辈来,平平尔。汝可无烦复往。"

郗嘉宾丧,妇⑦兄弟欲迎妹还,终不肯归。曰:"生纵不得与郗郎同室,死宁不同穴!"

---

① 主,温尚明帝女南康长公主。
② 妇,桓冲妇,琅邪王恬女,字女宗。
③ 司空,晋郗愔,字方回,郗鉴之子。仕至司空,谥曰文穆。
④ 中郎,郗昙,字重渊,郗愔之弟。累迁丹阳尹,北中郎将,徐兖二州刺史。
⑤ 二谢,谢安、谢万。
⑥ 庋,guǐ,所以藏食物者。
⑦ 妇,郗超妇,汝南周门女,名马头。

# 术解第二十

荀勖尝在晋武帝坐上,食笋进饭。谓在坐人曰:"此是劳薪炊也。"坐者未之信,密遣问之,实用故车脚。

人有相羊祜①父墓,后应出受命君。祜恶其言,遂掘断墓后,以坏其势。相者立视之曰:"犹应出折臂三公。"俄而祜坠马折臂②,位果至公。

晋明帝解占冢宅。闻郭璞③为人葬,帝微服往

---

① 羊祜,字叔子,南城人。上党太守羊衙之子,官至征西大将军。校订者按:衙,同"道"。
② 祜为襄阳都督时,因盘马落地,遂折臂。
③ 郭璞,字景纯,河东人。词赋为东晋之冠,妙于阴阳算历,洞五行天文卜筮之术。为王敦记室参军,敦谋逆,为敦所害。

## 术解第二十

看。因问主人："何以葬龙角？此法当灭族。"主人曰："郭云：'此葬龙耳。不出三年，当致天子。'"帝问："为是出天子邪？"答曰："非出天子，能致天子问耳。"

王丞相令郭璞试作一卦。卦成，郭意色甚恶。云："公有震厄。"王问："有可消伏①理不？"郭曰："命驾西出数里，得一柏树。截断如公长，置床上常寝处，灾可消矣。"王从其语。数日中，果震柏粉碎，子弟皆称庆。大将军云："君乃复委罪于树木。"

桓公有主簿善别酒，有酒辄令先尝。好者谓"青州②从事"，恶者谓"平原③督邮④"。青州有齐

---

① 消，灭。伏，匿藏。
② 青州，统郡国六。齐国、济南郡、乐安国、城阳郡、东莱国、长广郡。
③ 平原，冀州平原国统平原、高唐、茌平、博平、聊城、安德、西平昌、般、鬲九县。
④ 督邮，官名。郡守之佐吏，主督察属县之愆尤者也。邮、尤同音假借。校订者按：这里以"督邮"（郡守的佐吏）比喻劣酒，前文以"从事"（州刺史的属官）比喻好酒。

郡，平原有鬲县。"从事"言到脐，"督邮"言在鬲①上住。

殷中军妙解经②脉，中年都废。有常所给使，忽叩头流血。浩问其故，云："有死事。"终不可③说。诘问良久，乃云："小人母年垂百岁，抱疾来久，若蒙官一脉，便有活理，讫就屠戮无恨。"浩感其至性，遂令昇来，为诊脉处方。始服一剂汤，便愈④。于是悉焚经方⑤。

---

① 鬲，gé，与"膈"通。在胸腔腹腔之间。校订者按：好酒入口酒力可达肚脐（齐郡，"齐"这里谐音"脐"），劣酒入口酒力只能停留在横膈上面（鬲县，"鬲"这里谐音"膈"。）
② 经，脉之所行为经。医学旧说，以十二经分配脏腑。
③ 可，肯也。
④ 愈，病差谓之愈。
⑤ 《汉书·艺文志》，有经方十一家。凡言药剂疗治之法，皆属之，今其书多不传。

# 巧艺第二十一

陵云台①楼观精巧。先称平众木轻重,然后造构,乃无锱铢②相负③揭④。台虽高峻⑤,常随风摇动,而终无倾倒之理。魏明帝登台,惧其势危,别以大材扶持之,楼即颓坏。论者谓"轻重力偏故也"。

韦仲将⑥能书⑦。魏明帝起殿,欲安榜,使仲将登梯题之⑧。既下,头鬓皓然。因敕儿孙"勿复学书"。

---

① 陵云台,魏文帝筑。
② 锱,六铢为锱。铢,二十四铢为两。
③ 负,犹失也。
④ 揭,高貌。
⑤ 高峻,楼栋至地十三丈五尺七寸五分。
⑥ 韦诞,字仲将,京兆人。仕至光禄大夫。
⑦ 诞善楷书,魏宫观多诞所题。
⑧ 明帝立陵霄观,去地二十五丈。误先钉榜,使诞就题,诞甚危惧。

锺会是荀济北<sup>①</sup>从舅，二人情好不协。荀有宝剑，可直百万，常在母锺夫人许。会善书，学荀手迹，作书与母取剑，仍窃去不还。荀勖知是锺而无由得也，思所以报之。后锺兄弟<sup>②</sup>以千万起一宅，始成，甚精丽，未得移住。荀极善画，乃潜往画锺门堂，作太傅<sup>③</sup>形象。衣冠状貌如平生。二锺入门，便大感恸，宅遂空废。

羊长和<sup>④</sup>博学工书，能骑射，善围棋。诸羊后多知书<sup>⑤</sup>，而射弈余艺莫逮。

戴安道就范宣学。视范所为：范读书，亦读书；范抄书，亦抄书。唯独好画，范以为无用，不

---

① 荀济北，即荀勖。校订者按：荀勖仕晋，封济北郡公。
② 锺兄弟，锺毓、锺会也。
③ 太傅，即锺繇。校订者按：锺繇官至太傅。
④ 羊长和，晋羊忱，字长和，太山人。汉太尉羊续之曾孙。历太傅长史，扬州刺史，迁侍中。晋怀帝永嘉五年，遭乱被害。
⑤ 太山羊氏有羊欣长于草隶，羊固善草行。校订者按：羊欣为羊忱的曾孙。羊固生卒年不详，亦为东晋著名书法家，羊欣之《古来能书人名录》称其善行书。

## 巧艺第二十一

宜劳思于此。戴乃画《南都赋》①图,范看毕咨嗟,甚以为有益,始重画。

王中郎以围棋是坐隐。支公以围棋为手谈。

顾长康②画谢幼舆,在岩石里。人问其所以,顾曰:"谢云:'一丘一壑,自谓过之。'③此子宜置丘壑中。"

顾长康画人,或数年不点目精。人问其故,顾曰:"四体④妍蚩,本无关于妙处;传神写照,正在阿堵中。"

顾长康道:"画'手挥五弦'易,'目送归鸿'难。"⑤

---

① 《南都赋》,汉尚书张衡作。南阳,汉之旧都。在东京之南,故曰南都。
② 顾恺之,字长康,小字虎头,晋陵人。晋安帝义熙初,为散骑常侍。俗传"顾恺之有三绝。才绝,画绝,痴绝"。
③ 见《品藻第九》。校订者按:"一丘一壑,自谓过之",意为隐居不仕,放情山水,超过别人。"
④ 四体,二手二足也。
⑤ 目送归鸿、手挥五弦,乃嵇康《赠秀才入军诗》也。恺之每重嵇康四言诗,因为之作图。校订者按:嵇康《赠秀才入军诗》:"目送归鸿,手挥五弦。俯仰自得,游心泰玄。"

# 宠礼第二十二

元帝正会,引王丞相登御床。王公固辞,中宗①引之弥苦。王公曰:"使太阳与万物同晖,臣下何以瞻仰?"

王珣、郗超并有奇才,为大司马所眷拔。珣为主簿,超为记室参军。超为人多须,珣状短小。于时②荆州为之语曰:"髯③参军,短主簿。能令公喜,能令公怒。"

---

① 中宗,晋元帝庙号。
② 于时,桓温为荆州刺史之时。
③ 髯,颊须。

# 任诞第二十三

阮籍遭母丧。在晋文王坐,进酒肉。司隶何曾①亦在坐,曰:"明公方以孝治天下,而阮籍以重丧,显于公坐饮酒食肉,宜流②之海外,以正风教。"文王曰:"嗣宗毁顿如此,君不能共忧之,何谓?且有疾而饮酒食肉③,固丧礼也。"籍饮啖不辍,神色自若。

刘伶④病酒,渴甚,从妇求酒。妇捐酒毁器,

---

① 何曾,字颖考,阳夏人。仕晋,至太宰。
② 流者,移其居处,若水流然。
③ 见《礼记·曲礼上》。校订者按:《礼记·曲礼上》:"居丧之礼,头有创则沐,身有疡则浴,有疾则饮酒食肉,疾止复初。不胜丧,乃比于不慈不孝。"
④ 刘伶,字伯伦,沛国人。仕晋,为建威将军。

涕泣谏曰:"君饮太过,非摄生之道,必宜断之。"伶曰:"甚善,我不能自禁。唯当祝鬼神,自誓断之耳,便可具酒肉。"妇曰:"敬闻命。"供酒肉于神前,请伶祝誓。伶跪而祝曰:"天生刘伶,以酒为名。一饮一斛,五斗解酲①。妇人之言,慎不可听。"便饮酒进肉,隗然已醉矣。

刘公荣②与人饮酒,杂秽非类,人或讥之。答曰:"胜公荣者,不可不与饮;不如公荣者,亦不可不与饮;是公荣辈者,又不可不与饮。故终日共饮而醉。"

刘伶恒纵酒放达,或脱衣裸形在屋中,人见讥之。伶曰:"我以天地为栋宇,屋室为裈③衣,诸君何为入我裈中?"

阮籍嫂尝还家,籍见与别,或讥之④。籍曰:

---

① 酲,酒病曰酲。校订者按:指醉酒后神志处于模糊状态。
② 刘公荣,晋刘昶,字公荣,沛国人。仕至兖州刺史。
③ 裈,kūn,裤衣。
④ 《礼记·曲礼》:"嫂叔不通问。"

## 任诞第二十三

"礼岂为我辈设也!"

阮公邻家妇,有美色,当垆酤酒。阮与王安丰常从妇饮酒,阮醉,便眠其妇侧。夫始殊疑之,伺察,终无他意。

阮仲容①、步兵②居道南,诸阮居道北。北阮皆富,南阮贫。七月七日,北阮盛晒衣,皆纱罗锦绮③。仲容以竿挂大布犊鼻裈④于中庭。人或怪之。答曰:"未能免俗⑤,聊复尔耳。"

裴成公⑥妇,王戎女。王戎晨往裴许,不通,径前。裴从床南下,女从北下,相对作宾主,了无异色。

---

① 阮仲容,晋阮咸,字仲容,尉氏人。与叔父阮籍齐名,仕至散骑侍郎。
② 步兵,即阮籍。校订者按:阮籍曾做步兵校尉,故称。
③ 绮,攲也。其文攲邪,不顺经纬之纵横也。校订者按:攲,倾斜不正。锦绮,华丽的丝织品。《六书故·工事》六:"织采为文曰锦,织素为文曰绮。"
④ 犊鼻裈,形如犊鼻之短裤,仅蔽膝以上者,佣保之服也。又膝以上二寸为犊鼻穴,言裤之长才至此也。
⑤ 七月七日晒衣,乃旧俗也。相传是日暴经书及衣裳,不蠹。
⑥ 裴成公,裴𬱟为赵王伦所害。惠帝反正,复𬱟官,改葬以卿礼,谥曰成。

阮宣子常步行。以百钱挂杖头，至酒店，便独酣畅。虽当世贵盛，不肯诣也。

张季鹰纵任不拘，时人号为"江东步兵[①]"。或谓之曰："卿乃可纵适一时，独不为身后名邪？"答曰："使我有身后名，不如即时一杯酒。"

贺司空[②]入洛赴命，为太孙舍人[③]。经吴阊门[④]，在船中弹琴。张季鹰本不相识，先在金阊亭[⑤]，闻弦甚清，下船就贺。因共语，便大相知说。问贺："卿欲何之？"贺曰："入洛赴命，正尔进路。"张曰："吾亦有事北京[⑥]。"因路寄载，便与贺同发。初不告家，家追问乃知。

---

① 江东步兵，谓其倜傥不羁，嗜酒放荡，如步兵校尉阮籍也。
② 贺司空，晋贺循，字彦先，山阴人。元帝太兴二年，赠司空。
③ 太孙舍人，《晋书·贺循传》作"太子舍人"。
④ 阊门，姑苏城门名。至今仍呼为阊门。
⑤ 金阊亭，又名金昌亭，原名金伤亭。傍川带河。相传汉朱买臣为会稽内史，逢其迎吏，逆旅比舍。与买臣争席，买臣出其印绶，群吏惭服自裁。因事建亭，号曰金伤。刘宋时，徐羡之弑宋废帝于此亭。
⑥ 北京，当时南方之人，称洛阳为北京。

## 任诞第二十三

祖车骑①过江时,公私俭薄,无好服玩。王、庾②诸公共就祖,忽见裘袍重叠,珍饰盈列,诸公怪问之。祖曰:"昨夜复南塘一出。"祖于时恒自使健儿鼓行劫钞。在事之人,亦容而不问。

鸿胪卿孔群③好饮酒。王丞相语云:"卿何为恒饮酒?不见酒家覆瓿布,日月糜烂?"群曰:"不尔,不见糟肉,乃更堪久。"群尝书与亲旧:"今年田得七百斛秫米,不了麹蘖事。"

苏峻乱④,诸庾逃散。庾冰时为吴郡,单身奔亡。民吏皆去,唯郡卒独以小船载冰。出钱塘⑤口,篝篨⑥覆之。时峻赏募觅冰,属所在搜检甚急。卒舍船市渚⑦,因饮酒醉还。舞棹向船曰:"何处觅庾

---

① 祖车骑,晋祖逖,字士雅,范阳人。元帝时,为豫州刺史。赠车骑将军。
② 王、庾,王导、庾亮也。
③ 孔群,字敬休,山阴人。仕至御史中丞。
④ 苏峻破建康,在晋成帝咸和三年。
⑤ 钱塘县境之江面为钱塘江,浙江之下游也。
⑥ 篝篨,qú chú,粗竹席。
⑦ 渚,水岐曰渚。

吴郡，此中便是。"冰大惶怖，然不敢动。监司①见船小装狭，谓卒狂醉，都不复疑。自送过浙江②，寄山阴③魏家，得免。后事平，冰欲报卒，适其所愿。卒曰："出自厮④下，不愿名器。少苦执鞭，恒患不得快饮酒。使其酒足余年毕矣，无所复须。"冰为起大舍，市奴婢。使门内有百斛酒，终其身。时谓此卒非唯有智，且亦达生。

殷洪乔⑤作豫章郡，临去，都下人因附百许函书。既至石头，悉掷水中，因祝曰："沉者自沉，浮者自浮，殷洪乔不能作致书邮。"

王长史谢仁祖同为王公掾。长史云："谢掾能作异舞⑥。"谢便起舞，神意甚暇。王公熟视，谓客

---

① 监司，司监察之官吏也。
② 浙者，折也。盖取其潮出海曲折而倒流也。
③ 山阴为浙江省之古县名，今并入绍兴市辖区。
④ 厮，析薪养马者。校订者按：厮下，指地位卑微、低贱的奴役。
⑤ 殷洪乔，晋殷羡，字洪乔，陈郡人。
⑥ 谢尚工鸲鹆舞。校订者按：谢尚，字仁祖。鸲鹆，qú yù。鸲鹆舞当时流行于洛阳，系模拟八哥的动作与姿态而成。

## 任诞第二十三

曰:"使人思安丰。"

王子猷诣郗雍州[①],雍州在内。见有氀毾[②],云:"阿乞那得此物?"令左右送还家,郗出觅之。王曰:"向有大力者负之而趋。"郗无忤色。

张湛[③]好于斋前种松柏。时袁山松[④]出游,每好令左右作挽歌。时人谓"张屋下陈尸,袁道上行殡"。

王子猷尝暂寄人空宅住,便令种竹。或问:"暂住何烦尔?"王啸咏良久,直指竹曰:"何可一日无此君。"

王子猷居山阴。夜大雪,眠觉,开室,命酌

---

① 郗雍州,即郗恢。小字阿乞。校订者按:郗恢官至雍州刺史。
② 氀乃氀字之讹。氀毾,tà dēng,一名氍毹,毛席也。以羊之细毛织成。校订者按:氀,同"氀",《龙龛手鉴·毛部》认为"氀"是"氀"的俗字。
③ 张湛,字处度,小字骠,高平人。仕至中书郎。
④ 袁山松,陈郡人。历秘书监,吴国内史。

酒，四望皎然。因起仿偟，咏左思《招隐诗》①。忽忆戴安道。时戴在剡，即便夜乘小船就之。经宿方至，造门不前而返。人问其故，王曰："吾本乘兴而来，兴尽而返，何必见戴？"

王子猷出都，尚在渚下。旧闻桓子野②善吹笛而不相识。遇桓于岸上过，王在船中，客有识之者云："是桓子野。"王便令人与相闻，云："闻君善吹笛，试为我一奏。"桓时已贵显，素闻王名，即便回下车，踞胡床，为作三调。弄毕，便上车去。客主不交一言。

王孝伯③言："名士不必须奇才。但使常得无事，痛饮酒，熟读《离骚》④，便可称名士。"

---

① 见《文选》卷二十二。校订者按：左思《招隐》诗："杖策招隐士，荒涂横古今。岩穴无结构，丘中有鸣琴。白云停阴冈，丹葩曜阳林。"
② 桓子野，晋桓伊，字叔夏，小字野王，谯国人。与谢玄共破苻坚，封永修县侯。为右军将军。校订者按：桓伊，小字子野，一作野王。
③ 王孝伯，即王恭。校订者按：王恭，字孝伯。
④ 《离骚》经。战国时，楚大夫屈原所作。

# 简傲第二十四

晋文王功德盛大。坐席严敬,拟于王者。唯阮籍在坐,箕踞①啸歌,酣放自若。

王戎弱冠诣阮籍,时刘公荣在坐。阮谓王曰:"偶有二斗美酒,当与君共饮,彼公荣者,无预焉。"二人交觞酬酢②,公荣遂不得一杯。而言语谈戏,三人无异。或有问之者,阮答曰:"胜公荣者,不得不与饮酒;不如公荣者,不可不与饮酒。唯公荣,可不与饮酒③。"

---

① 箕踞者,谓曲两脚形如箕也。
② 酬酢,主答客曰酬,客报主人曰酢。
③ 略变公荣之语,以戏公荣也。

锺士季①精有才理，先不识嵇康。锺要②于时贤俊之士，俱往寻康。康方大树下锻③，向子期④为佐鼓排⑤。康扬槌不辍，傍若无人，移时不交一言。锺起去，康曰："何所闻而来？何所见而去？"锺曰："闻所闻而来，见所见而去。"

王平子出为荆州⑥，王太尉及时贤送者倾路。时庭中有大树，上有鹊巢。平子脱衣巾，径上树取鹊子。凉衣拘阁树枝，便复脱去⑦。得鹊子还，下弄，神色自若，傍若无人。

王子猷作桓车骑骑兵参军。桓问曰："卿何署？"答曰："不知何署，时见牵马来，似是马曹。"

---

① 锺士季，即锺会。校订者按：锺会，字士季。
② 要，会也。校订者按：要，通"邀"。
③ 锻，以金入火焠而椎之也。校订者按：锻，锻铁、打铁。
④ 向子期，即向秀。校订者按：向秀，字子期。
⑤ 排，与鞴通，吹火具也。校订者按：鞴，bài，同"韛"，风箱。
⑥ 晋惠帝时，太尉王衍以其弟王澄为荆州刺史。校订者按：王澄，字平子。
⑦ 脱去凉衣，则袒臂露胸。可谓放荡极矣。校订者按：凉衣，贴身内衣。

## 简傲第二十四

桓又问："官有几马？"答曰："不问马①，何由知其数。"又问："马比死多少？"答曰："未知生，焉知死②。"

王子敬兄弟见郗公③，蹑履问讯，甚修外生④礼。及嘉宾死，皆著高屐，仪容轻慢。命坐，皆云："有事，不暇坐。"既去，郗公慨然曰："使嘉宾不死，鼠辈敢尔⑤。"

王子敬自会稽经吴，闻顾辟疆⑥有名园。先不识主人，径往其家，值顾方集宾友酣燕。而王游历既毕，指麾好恶，傍若无人。顾勃然⑦不堪曰："傲主人，非礼也；以贵骄人，非道也。失此二者，不

---

① 不问马，《论语·乡党》篇："厩焚。子退朝，曰：'伤人乎？'不问马。"
② 《论语·先进》篇季路问死，子曰："未知生，焉知死。"
③ 郗公，即郗愔。
④ 外生，晋人称甥曰外生。王羲之为郗鉴之婿，郗愔与献之兄弟为舅甥。
⑤ 言其子郗超若在，王氏兄弟畏其权势，不敢如此无礼也。
⑥ 顾辟疆，吴郡人。历郡功曹、平北参军。
⑦ 勃然，变色貌。

足齿之伧①耳。"便驱其左右出门,王独在舆上,回转顾望,左右移时不至。然后令送著门外,怡然不屑②。

---

① 伧,cāng,鄙贱之称。校订者按:当时南方人称北方人为"伧",有轻视鄙薄之意。王氏为琅邪人,齐鲁属北方。
② 不屑,凡遇事物,轻视不加意曰不屑。

# 排调第二十五

晋文帝与二陈①共车过,唤锺会同载,即驶车委去。比出,已远。既至,因嘲②之曰:"与人期行,何以迟迟?望卿遥遥③不至。"会答曰:"矫然懿实,何必同群④。"帝复问会:"皋繇何如人?"答曰:"上不及尧舜,下不逮周孔,亦一时之懿士。"

锺毓为黄门郎,有机警。在景王坐燕饮。时

---

① 二陈,陈骞、陈泰。泰,见《方正第五》。骞,东阳人。起家尚书郎,晋武帝咸宁初为太尉,转大司马。
② 嘲,言相调也。
③ 锺会之父名繇,特以遥遥戏之也。
④ 陈骞之父名矫。司马昭之父名懿。陈泰之父名群,祖名实。故会以此报之。

陈群子玄伯[①]、武周[②]子元夏[③]同在坐，共嘲毓。景王曰："皋繇何如人？"对曰："古之懿士。"顾谓玄伯、元夏曰："君子周而不比[④]，群而不党[⑤]。"

嵇、阮、山、刘[⑥]在竹林酣饮，王戎后往。步兵曰："俗物已复来败人意。"王笑曰："卿辈意，亦复可败邪？"

晋武帝问孙皓："闻南人好作《尔汝歌》，颇能为不？"皓正饮酒，因举觞劝帝而言曰："昔与汝为邻，今与汝为臣。上汝一杯酒，令汝寿万春。"帝悔之。

孙子荆年少时，欲隐。语王武子"当枕石漱流"，误曰"漱石枕流"。王曰："流可枕，石可漱

---

① 玄伯，即陈泰。校订者按：陈泰，字玄伯。
② 武周，字伯南，沛国人。仕至光禄大夫。
③ 元夏，武陔，见《品藻第九》。校订者按：武陔，字元夏。
④ 见《论语·为政》篇。孔安国注云："忠信为周，阿党为比。"
⑤ 见《论语·卫灵公》篇。孔安国注云："党，助也。君子虽众，不相私助。"
⑥ 嵇、阮、山、刘，嵇康、阮籍、阮咸、山涛、刘伶也。

乎?"孙曰:"所以枕流,欲洗其耳①;所以漱石,欲砺其齿。"

陆太尉②诣王丞相,王公食以酪。陆还遂病。明日与王笺云:"昨食酪小过,通夜委顿。民虽吴人,几为伧③鬼。"

元帝皇子生,普赐群臣。殷洪乔谢曰:"皇子诞育,普天同庆。臣无勋焉,而猥④颁厚赉⑤。"中宗笑曰:"此事岂可使卿有勋邪?"

---

① 尧让天下于许由,许由不受。乃过清泠水,以水洗其耳。校订者按:"冷"当为"泠"。泠,líng。清泠水,水名。《庄子·让王》"(北人无择)因自投清泠之渊。"《山海经·中山经》:"神耕父处之,常游清泠之渊,出入有光。"郭璞注:"清泠水,在西鄂县山上,神来时,水赤有光耀。"《艺文类聚》卷三六引三国魏嵇康《高士传》:"许由怅然不自得,乃遇清泠之水,洗其耳,拭其目。"
② 陆太尉,即陆玩。校订者按:陆玩,字士瑶,吴郡吴人,官至尚书令、司空,死后追赠太尉。
③ 伧,吴人谓中州人为伧。
④ 猥,盛也。
⑤ 赉,lài,赐也。

诸葛令①、王丞相共争姓族先后。王曰:"何不言葛、王,而云王、葛?"令曰:"譬言驴马,不言马驴,驴岂胜马邪?"

王丞相枕周伯仁膝。指其腹曰:"卿此中何所有?"答曰:"此中空洞无物,然容卿辈数百人。"

干宝②向刘真长叙③其《搜神记》④。刘曰:"卿可谓鬼之董狐⑤。"

康僧渊⑥目深而鼻高,王丞相每调之。僧渊曰:"鼻者面之山,目者面之渊。山不高则不灵,渊不

---

① 诸葛令,即诸葛恢。校订者按:诸葛恢字道明,琅邪人。晋南渡,做会稽太守,后官至尚书令。
② 干宝,字令升,新蔡人。元帝时,以著作郎领国史,迁散骑常侍。
③ 叙,陈述。
④ 《搜神记》,撰集古今灵异神祇人物变化。今之传本,共二十卷。叙事古雅,斐然可观。
⑤ 董狐见《方正第五》。校订者按:董狐,春秋时晋国史官。《左传·宣公二年》载其事迹。因其"书法不隐",被孔子称为"古之良史"。
⑥ 刘孝标疑其是胡人。

## 排调第二十五

深则不清。"

褚季野问孙盛[1]:"卿国史[2]何当成?"孙云:"久应竟,在公无暇,故至今日。"褚曰:"古人述而不作[3],何必在蚕室[4]中。"

谢公在东山,朝命屡降而不动,后出为桓宣武司马。将发新亭[5],朝士咸出瞻送。高灵[6]时为中丞,亦往相祖[7]。先时,多少饮酒,因倚如醉。戏曰:"卿屡违朝旨,高卧东山,诸人每相与言:'安石不肯出,将如苍生何?'今亦苍生将如卿何?"谢笑而不答。

---

[1] 孙盛,字安国,太原人。起家佐著作郎,累迁至秘书监,加给事中。
[2] 孙盛著《晋阳秋》,词直而理正,咸称良史。校订者按:国史,这里指孙盛所作《晋阳秋》。
[3] 见《论语·述而》篇。朱熹注云:"述,传旧而已。作,则创始也。作非圣人不能,而述则贤者可及。"
[4] 汉司马迁受腐刑而著《史记》。腐刑者,作密室蓄火如蚕室。
[5] 新亭,一名劳劳亭,亦名临沧观。吴时筑。在今江苏省南京市江宁区。东晋初,诸名士每游宴于此亭。
[6] 高灵,晋高崧。字茂琰,小字阿灵,广陵人。初为何充之主簿,累迁至侍中。
[7] 祖,出行之时,祭路神曰祖。后遂以饯行为祖。

王、刘①每不重蔡公。二人尝诣蔡,语良久,乃问蔡曰:"公自言何如夷甫?"答曰:"身不如夷甫。"王、刘相目而笑曰:"公何处不如?"答曰:"夷甫无君辈客。"

张吴兴②年八岁,亏齿,先达知其不常。故戏之曰:"君口中何为开狗窦③?"张应声答曰:"正使君辈从此中出入。"

范玄平④在简文坐,谈欲屈。引王长史曰:"卿助我。"王曰:"此非拔山力⑤所能助。"

郝隆⑥为桓公南蛮参军。三月三日会,作诗。不能者,罚酒三升。隆初以不能受罚,即饮。揽笔便作一句云:"娵隅跃清池。"桓问:"娵隅是

---

① 王、刘,王蒙、刘惔也。
② 张吴兴,即张玄,见《政事第三》。校订者按:张玄曾任吴兴太守。
③ 窦,穿壁为小户也。
④ 范玄平,晋范汪,字玄平,颍阳人。历吏部尚书,徐、兖二州刺史。
⑤ 项羽为汉兵所围,夜起歌曰:"力拔山兮气盖世,时不利兮骓不逝。"
⑥ 郝隆,字佐治,汲郡人。

## 排调第二十五

何物?"答曰:"蛮名鱼为娵隅。"桓公曰:"作诗何以作蛮语?"隆曰:"千里投公,始得蛮府参军,那得不作蛮语也。"

张苍梧①是张凭②之祖。尝语凭父曰:"我不如汝。"凭父未解所以。苍梧曰:"汝有佳儿。"凭时年数岁,敛手曰:"阿翁,讵③宜以子戏父!"

王子猷诣谢万,林公先在坐,瞻瞩甚高。王曰:"若林公须发并全,神情当复胜此不?"谢曰:"唇齿相须,不可以偏亡。须发何关于神明!"林公意甚恶,曰:"七尺之驱,今日委君二贤。"

郗司空拜北府④,王黄门诣郗门拜,云:"应变

---

① 张苍梧,张镇,字义远,泰安中,除苍梧太守。讨王含有功,封兴道县侯。
② 张凭,见《文学第四》。校订者按:张凭,字长宗,晋吴郡人,善言玄理,有"理窟"之称,官至吏部郎、御史中丞。
③ 讵,犹岂也。
④ 徐州在建康之北。王舒为徐州刺史,加北中郎将。由是有北府之号。桓温以郗愔与徐兖有故义,迁愔领徐兖二州刺史。

将略，非其所长①。"骤②咏之不已。郗仓③谓嘉宾曰："公今日拜，子猷言语不逊，深不可容。"嘉宾曰："此是陈寿④作诸葛评。人以汝家比武侯，复何所言。"

刘遵祖⑤少为殷中军所知，称之于庾公。庾公甚忻然，便取为佐。既见，坐之独榻上与语。刘尔日殊不称，庾小失望，遂名之为"羊公⑥鹤"。昔羊叔子有鹤善舞，尝向客称之。客试使驱来，氀氋⑦而不肯舞。故称比之。

顾长康啖甘蔗，先食尾。人问所以，云："渐至佳境。"

---

① 见《蜀志·诸葛亮传》。校订者按：这句话为《三国志·蜀志》中陈寿对诸葛亮的品评，意思是在随机应变用兵的谋略方面，非其所擅长。
② 骤，数也。校订者按：屡次。
③ 郗仓，晋郗融，字景山，小字仓。郗愔之次子。早卒。
④ 陈寿，字承祚，安汉人。少举孝廉，除著作郎。撰《三国志》，时人称其善叙事，有良史之才。
⑤ 刘遵祖，晋刘爰之，字遵祖，沛郡人。历中书郎，宣城太守。
⑥ 羊公，即羊祜。
⑦ 氀氋，tóng méng，散毛貌。

## 排调第二十五

桓南郡与殷荆州语次,因共作了语。顾恺之曰:"火烧平原无遗燎。"桓曰:"白布缠棺竖旐旌。"殷曰:"投鱼深渊放飞鸟。"次复作危语。桓曰:"矛头淅①米剑头炊。"殷曰:"百岁老翁攀枯枝。"顾曰:"井上辘轳卧婴儿。"殷有一参军在坐,云:"盲人骑瞎马,夜半临深池。"殷曰:"咄咄②逼人。"仲堪眇③目故也。

祖广④行恒缩头。诣桓南郡,始下车。桓曰:"天甚晴朗,祖参军如从屋漏中来。"

---

① 淅,汰米。
② 咄咄,惊怪声。
③ 眇,偏盲。
④ 祖广,字渊度,范阳人。仕至护军长史。

# 轻诋第二十六

深公①云："人谓庾元规名士，胸中柴棘三斗许。"

袁虎②、伏滔③同在桓公府。桓公每游燕，辄命袁、伏，袁甚耻之。恒叹曰："公之厚意，未足以荣国士。与伏滔比肩，亦何辱如之。"

孙长乐兄弟④就谢公宿，言至款杂。刘夫人⑤在

---

① 深公，僧法深，不知其俗姓，盖衣冠之胤也。校订者按：竺道潜，字法深，时称深公。
② 袁虎，晋袁宏，字彦伯，小字虎，陈郡人。初为谢安南司马，后自吏部郎，出为东阳郡。
③ 伏滔，字玄度，平昌人。为桓温参军，领大著作，掌国史。
④ 孙长乐兄弟，孙绰与其兄孙统也。校订者按：孙绰字兴公，封长乐侯，故称。
⑤ 刘夫人，刘惔之妹也。校订者按：谢安夫人是刘惔之妹。

壁后听之,具闻其语。谢公明日还,问:"昨客何似?"刘对曰:"亡兄门,未有如此宾客。"谢深有愧色。

孙长乐作王长史诔云:"余与夫子,交非势利,心犹澄水,同此玄味。"王孝伯见曰:"才士不逊,亡祖何至与此人周旋!"

人问顾长康:"何以不作洛生咏?"答曰:"何至作老婢声[①]!"

支道林入东,见王子猷兄弟。还,人问:"见诸王何如?"答曰:"见一群白颈乌,但闻唤哑哑声。"

---

① 洛下书生咏音重浊,声如老婢。

# 假谲第二十七

魏武行役,失汲道,军皆渴。乃令曰:"前有大梅林,饶子,甘酸,可以解渴。"士卒闻之,口皆出水。乘此得及前源。

魏武常言"人欲危己,己辄心动"。因语所亲小人曰:"汝怀刃密来我侧,我必说心动,执汝使行刑。汝但勿言其使,无他,当厚相报。"执者信焉,不以为惧。遂斩之。此人至死不知也。左右以为实,谋逆者挫气矣。

魏武常云:"我眠中不可妄近。近便斫人,亦不自觉,左右宜深慎此。"后阳眠,所幸一人窃以被覆之,因便斫杀。自尔每眠,左右莫敢近者。

## 假谲第二十七

王右军年减十岁时,大将军甚爱之,恒置帐中眠。大将军尝先出,右军犹未起。须臾,钱凤①入,屏人论事,都忘右军在帐中,便言逆节之谋。右军觉,既闻所论,知无活理。乃剔吐污头面被褥,诈孰眠。敦论事造半,方意右军未起,相与大惊曰:"不得不除之。"及开帐,乃见吐唾从横。信其实孰眠,于是得全。于时称其有智。

---

① 钱凤,字世仪。王敦之铠曹参军也。

# 黜免第二十八

诸葛宏在西朝①,少有清誉。为王夷甫所重,时论亦以拟王。后为继母族党所谗,诬之为狂逆。将远徙,友人王夷甫之徒,诣槛车与别,宏问:"朝廷何以徙我?"王曰:"言卿狂逆。"宏曰:"逆则应杀,狂何所徙?"

桓公入蜀,至三峡②中,部伍中有得猿子者,其母缘岸哀号,行百余里不去,遂跳上船,至便即绝。破视其腹中,肠皆寸寸断。公闻之,怒,命黜其人。

---

① 西朝,晋自武帝至愍帝都洛阳,在建康之西北,故称西朝。
② 三峡,西陵峡、归乡峡、巫峡也。校订者按:三峡所指,历代说法不一。今以瞿塘峡、巫峡、西陵峡合称三峡。

## 黜免第二十八

桓宣武既废太宰父子①，仍上表曰："应割近情，以存远计。若除太宰父子，可无后忧。"简文手答表曰："所不忍言，况过于言。"宣武又重表，辞转苦切。简文更答曰："若晋室灵②长，明公便宜奉行此诏；如大运去矣，请避贤路。"桓公读诏，手战流汗，于此乃止。太宰父子，远徙新安③。

殷仲文④既素有名望，自谓"必当阿衡⑤朝政"。忽作东阳⑥太守，意甚不平。及之郡，至富阳⑦，慨然叹曰："看此山川形势，当复出一孙伯符⑧。"

---

① 晋司马晞，字道升，元帝第四子。封武陵王，拜太宰。晞三子，综、瑾、遵。校订者按：司马晞是晋元帝子、简文帝兄，好武事，为桓温（死后谥号宣武）所忌，诬以谋反罪，与子司马综并被废黜。
② 灵，福也。
③ 新安，郡名。故城在今浙江淳安县西。
④ 殷仲文，字仲文，陈郡人。荆州刺史殷仲堪之从弟也。初由会稽王道子引为骠骑参军，后为桓玄谘议参军，累迁侍中尚书。
⑤ 阿，ē，倚也。衡，平也。汤倚伊尹而取平，故以为官名。校订者按：这里指辅佐帝王、主持朝政。
⑥ 东阳，晋郡名，即清浙江之金华府。校订者按：治所在今浙江金华市。
⑦ 富阳，县名，汉为富春县，即今浙江省杭州市富阳区。
⑧ 孙策，字伯符，富春人。汉末，领其父孙坚之兵，据江东之地。

# 俭啬第二十九

王戎有好李，卖之，恐人得其种，恒钻其核。

王戎女适裴頠，贷钱数万。女归，戎色不说。女遽还钱，乃释然。

卫江州①在寻阳②，有知旧人投之，都不料理，唯饷"王不留行"③一斤。此人得饷，即命驾。李弘

---

① 卫江州，晋卫展，字道舒，安邑人。惠帝光熙初，除鹰扬将军江州刺史。
② 寻阳，晋惠帝元康元年，割扬州之七郡荆州之三郡，合十郡。因江水之名，而置江州。永兴元年，又分庐江之寻阳县，武昌之柴桑县，置寻阳郡，属江州。校订者按：寻阳即浔阳，县名，在今江西九江西。
③ 王不留行，药名也。茎高二尺许，叶如箭镞形。春夏间，开淡红色之花。萼为筒状。子如豆，熟则黑。治金疮，除风，久服之轻身。

## 俭啬第二十九

范①闻之曰:"家舅刻薄,乃复驱使草木。"

郗公大聚敛,有钱数千万,嘉宾意甚不同。常朝旦问讯,郗家法,子弟不坐,因倚语移时,遂及财货事。郗公曰:"汝正当欲得吾钱耳。"乃开库一日,令任意用。郗公始正谓损数百万许,嘉宾遂一日乞与亲友,周旋略尽。郗公闻之,惊怪不能已已。

---

① 李弘范,刘孝标云:"《中兴书》曰:'李轨,字弘范,……'按:轨,刘氏之甥。此应弘度,非弘范也。"

# 汰侈第三十

　　武帝尝降王武子家，武子供馔，并用瑠璃①器。婢子百余人，皆绫罗绔②襦③，以手擎④饮食。烝豘⑤肥美，异于常味。帝怪而问之，答曰："以人乳饮豘。"帝甚不平，食未毕，便去。王⑥、石⑦所未知作。

　　王君夫有牛，名八百里駮⑧，常莹⑨其蹄角。王

---

① 瑠璃，即流离。大秦出赤白黑黄青绿缥绀各色流离。
② 绔，胫衣也。校订者按：无裆的套裤为绔，又作"袴"。
③ 襦，妇人上衣。
④ 擎，举。
⑤ 豘，本作豚，豕子也。
⑥ 王，晋王恺，字君夫，东海人。王肃子也。为后军将军，卒后谥曰丑。
⑦ 石，石崇，见《企羡第十六》。
⑧ 駮，猛兽名，能食虎豹。
⑨ 莹，鎣之假借字。治也。校订者按：指把牛的蹄和角磨得晶莹光亮。

## 汰侈第三十

武子语君夫："我射不如卿，今指赌卿牛，以千万对之。"君夫既恃手快，且谓骏物无有杀理，便相然可。令武子先射，武子一起便破的，却据胡床，叱左右："速探牛心来！"须臾，炙至，一脔①便去。

石崇与王恺争豪，并穷绮丽，以饰舆服。武帝，恺之甥也，每助恺。尝以一珊瑚树②高二尺许赐恺。枝柯扶疏③，世罕其比。恺以示崇，崇视讫，以铁如意击之，应手而碎。恺既惋惜，又以为疾己之宝，声色甚厉。崇曰："不足恨，今还卿。"乃命左右悉取珊瑚树，有三尺、四尺，条干绝世，光彩溢目者六七枚，如恺许比甚众。恺惘然④自失。

---

① 脔，块切肉也。
② 珊瑚树，暖海中有一种圆筒形小虫，结合营生。其所分泌之石灰质，即为其共同之骨干。形歧出如树枝，故昔称珊瑚树，实非树也。每产于非洲西北，及地中海等处。
③ 扶疏，繁茂。
④ 惘然，失意貌。

# 忿狷第三十一

魏武有一妓,声最清高,而情性酷恶。欲杀则爱才,欲置则不堪。于是选百人,一时俱教。少时,果有一人声及之,便杀恶性者。

王蓝田性急。尝食鸡子,以箸刺之,不得,便大怒,举以掷地。鸡子于地圆转未止。仍下地,以屐齿蹍之,又不得,瞋甚。复于地取内①口中,啮破即吐之。王右军闻而大笑曰:"使安期有此性,犹当无一豪可论,况蓝田邪?"

谢无弈性粗强。以事不相得,自往数②王蓝田,

---

① 内,同纳。
② 数,责也。

肆言极骂。王正色面壁不敢动。半日,谢去,良久,转头问左右小吏曰:"去未?"答云:"已去。"然后复坐。时人叹其性急而能有所容。

桓南郡小儿时,与诸从兄弟,各养鹅共斗。南郡鹅每不如,甚以为忿。乃夜往鹅栏间,取诸兄弟鹅悉杀之。既晓,家人咸以惊骇,云是变怪。以白车骑,车骑曰:"无所致怪,当是南郡戏耳。"问,果如之。

# 谗险第三十二

孝武①甚亲敬王国宝②、王雅③。雅荐王珣于帝,帝欲见之。尝夜与国宝及雅相对,帝微有酒色,令唤珣,垂至,已闻卒传声。国宝自知才出珣下,恐倾夺其宠,因曰:"王珣当今名流,陛下不宜有酒色见之,自可别诏召也。"帝然其言,心以为忠,遂不见珣。

王绪④数谗殷荆州于王国宝,殷甚患之,求术

---

① 孝武,见《言语第二》。校订者按:孝武指晋孝武帝司马曜,简文帝子,东晋第九帝,在位二十四年,死后谥号孝武皇帝。
② 王国宝,平北将军王坦之第三子。太傅谢安之婿也。晋安帝时,参管朝权,威震内外。迁尚书左仆射。
③ 王雅,字茂建,东海人。以宠幸,由侍中超授太傅尚书左仆射。
④ 王绪,字仲业,太原人。为会稽王从事中郎,以佞邪亲幸。国宝由绪获进。

于王东亭。曰:"卿但数诣王绪,往辄屏人,因论它事,如此,则二王之好离矣。"殷从之。国宝见王绪问曰:"比与仲堪屏人何所道?"绪云:"故是常往来,无它所论。"国宝谓绪于己有隐,果情好日疏,谗言以息。

## 尤悔第三十三

魏文帝忌弟任城王①骁②壮，因在卞太后③阁共围棋，并啖枣。文帝以毒置诸枣蒂中，自选可食者而进。王弗悟，遂杂进之。既中毒，太后索水救之。帝预敕左右毁瓶罐，太后徒跣趋井，无以汲。须臾，遂卒。复欲害东阿④，太后曰："汝已杀我任城，不得复杀我东阿。"

王大将军起事，丞相兄弟诣阙谢。周侯深忧诸王，始入，甚有忧色。丞相呼周侯曰："百口委

---

① 任城王，魏任城威王彰，字子文，太祖卞太后第二子。
② 骁，勇捷。
③ 卞太后，武宣卞皇后，琅邪人。有母仪德行。
④ 东阿，即曹植。见《文学第四》。校订者按：曹植曾被贬为东阿王，故称。

卿。"周直过不应，既入，苦相存救。既释，周大说，饮酒。及出，诸王故在门。周曰："今年杀诸贼奴，当取金印如斗大系肘①后。"大将军至石头，问丞相曰："周侯可为三公不？"丞相不答。又问："可为尚书令不？"又不应。因云："如此，唯当杀之耳。"复默然。逮周侯被害，丞相后知周侯救己。叹曰："我不杀周侯，周侯由我而死，幽冥中负此人。"

王导、温峤俱见明帝。帝问温前世所以得天下之由，温未答。顷，王曰："温峤年少未谙，臣为陛下陈之。"王乃具叙宣王创业之始，诛夷名族，宠树同己，及文王之末，高贵乡公②事。明帝闻之，覆面著床，曰："若如公言，祚③安得长？"

---

① 肘，臂中部弯曲处，其外侧曰肘。
② 高贵乡公，见《方正第五》。校订者按：高贵乡公即曹髦，魏文帝曹丕之孙，即位前为高贵乡公，后被立为君，因为对权臣司马氏兄弟不满，被司马昭所杀。
③ 建置社稷曰祚。

庾公欲起周子南①，子南执辞愈固。庾每诣周，庾从南门入，周从后门出。庾尝一往奄②至，周不及去，相对终日。庾从周索食，周出蔬食，庾亦强饭，极欢；并语世故，约相推引，同佐世之任。既仕，至将军二千石，而不称意。中宵慨然曰："大丈夫乃为庾元规所卖！"一叹，遂发背而卒。

桓公卧语曰："作此寂寂③，将为文、景④所笑。"既而屈起坐曰："既不能流芳后世，亦不足复遗臭万载邪？"

简文见田稻不识，问："是何草？"左右答："是稻。"简文还，三日不出，云："宁有赖其末，而不识其本。"

---

① 周子南，晋周邵，字子南，与南阳翟汤隐于庐山。庾亮拔为镇蛮护军，西阳太守。
② 奄，忽也。
③ 寂寂，静貌。
④ 文、景，司马昭与司马师。校订者按：即晋文帝司马昭、晋景帝司马师。

# 纰漏第三十四

　　元皇初见贺司空，言及吴时事。问："孙皓烧锯，截一贺头，是谁？"司空未得言，元皇自忆曰："是贺邵①。"司空流涕曰："臣父遭遇无道，创巨痛深，无以仰答明诏。"元皇愧惭，三日不出。

　　殷仲堪父②病虚悸，闻床下蚁动，谓是牛斗。孝武不知是殷公，问仲堪："有一殷，病如此不？"仲堪流涕而起曰："臣进退维谷③。"

---

① 贺邵，即贺循之父。
② 晋殷师，字师子，仕至骠骑咨议。即仲堪之父。
③ 进退维谷，《诗·大雅·桑柔》第九章云："人亦有言，进退维谷。"毛公注曰："谷，穷也。"

# 惑溺第三十五

贾公闾①后妻郭氏酷妒,有男儿名黎民,生载周。充自外还,乳母抱儿在中庭。儿见充喜踊,充就乳母手中呜之。郭遥望见,谓充爱乳母,即杀之。儿悲思啼泣,不饮它乳,遂死。郭后终无子。

孙秀②降晋,晋武帝厚存宠之,妻以姨妹蒯氏③,室家甚笃。妻尝妒,乃骂秀为貉子④。秀大不平,遂不复入。蒯氏大自悔责,请救于帝。时大赦,群臣咸见。既出,帝独留秀。从容谓曰:"天

---

① 贾公闾,即贾充。见《方正第五》。
② 孙秀,字彦才,吴郡人。武帝以为骠骑将军,交州牧。
③ 蒯氏,襄阳人。南阳太守蒯钧之女。
④ 貉,本作貊。似狐善睡。其子名貆。

下旷荡①,蒯夫人可得从其例不?"秀免冠而谢,遂为夫妇如初。

王安丰妇常卿安丰。安丰曰:"妇人卿婿,于礼为不敬,后勿复尔。"妇曰:"亲卿爱卿,是以卿卿。我不卿卿,谁当卿卿?"遂恒听之。

王丞相有幸妾姓雷,颇预政事,纳货。蔡公谓之雷尚书。

---

① 旷,宽大。荡,排荡去秽垢也。校订者按:旷荡,宽宏大量。

# 仇隙第三十六

孙秀即恨石崇不与绿珠①,又憾潘岳昔遇之不以礼②。后秀为中书令,岳省内见之。因唤曰:"孙令,忆畴昔周旋不?"秀曰:"中心藏之,何日忘之③。"岳于是始知必不免。后收石崇、欧阳坚石④,同日收岳。石先送市,亦不相知。潘后至,石谓潘曰:"安仁,卿亦复尔邪?"潘曰:"可谓'白首同所归'。"潘《金谷集》诗云:"投分寄石友,白首同所归。"乃成其谶⑤。

---

① 石崇有妓人绿珠,美而工笛。孙秀使人求之,崇不许。
② 岳父文德为琅邪太守,孙秀为小吏给使。岳数蹴蹋秀,而不以人遇之。
③ 见《规箴第十》。校订者按:此二句为《诗经·小雅·隰桑》中的诗句。
④ 欧阳建,字坚石,渤海人。为冯翊太守。
⑤ 谶,前定征兆之言。

## 仇隙第三十六

刘玙兄弟①少时为王恺所憎，尝召二人宿，欲默除之。令作坑，坑毕，垂加害矣。石崇素与玙、琨善。闻就恺宿，知当有变，便夜往诣恺，问二刘所在。恺卒迫不得讳，答云："在后齐②中眠。"石便径入，自牵出，同车而去。语曰："少年，何以轻就人宿？"

王右军素轻蓝田。蓝田晚节论誉转重，右军尤不平。蓝田于会稽丁艰③，停山阴治丧。右军代为郡，屡言出吊，连日不果。后诣门自通，主人既哭，不前而去，以陵辱之。于是彼此嫌隙大构。后蓝田临扬州④，右军尚在郡。初得消息，遣一参军诣朝廷，求分会稽为越州⑤，使人受意失旨，大为时贤所笑。蓝田密令从事数其郡诸不法，以先有隙，令自为其宜。右军遂称疾去郡，以愤慨致终。

---

① 刘玙，《晋书》作刘舆。字庆孙，太尉刘琨之兄。为东海王越左长史。琨见《言语第二》。
② 齐，与斋同。
③ 丁艰，王述为会稽内史时，丁母忧去职。校订者按：丁艰指父母亡故居丧。
④ 服阕，代殷浩为扬州刺史。
⑤ 当时未置越州，至隋始以会稽郡置越州。

## 图书在版编目（CIP）数据

世说新语 / 崔朝庆选注；杨同军校订. —北京：商务印书馆，2018（2019.11 重印）
（学生国学丛书新编 / 王宁主编）
ISBN 978-7-100-15320-1

Ⅰ. ①世… Ⅱ. ①崔… ②杨… Ⅲ. ①笔记小说—中国—南朝时代 ②《世说新语》—注释 Ⅳ. ① I242.1

中国版本图书馆 CIP 数据核字（2017）第 223720 号

**权利保留，侵权必究。**

学生国学丛书新编

**世说新语**

崔朝庆　选注
杨同军　校订

商　务　印　书　馆　出　版
（北京王府井大街36号　邮政编码100710）
商　务　印　书　馆　发　行
北京市十月印刷有限公司印刷
ISBN 978 - 7 - 100 - 15320 - 1

| | |
|---|---|
| 2018年1月第1版 | 开本 787×1092　1/32 |
| 2019年11月北京第2次印刷 | 印张 6 3/4 |

**定价：26.00 元**